Dr Catherine Solano

LA SEXUALITÉ AU MASCULIN

•Marabout•

SOMMAIRE

A tous mes patients.

J'ai autant appris en les écoutant qu'en lisant ou en étudiant.

Un grand merci à tous ceux qui ont eu le courage de venir me voir en consultation : Jean-Noël, Michel, Jacques, Jean, et tous les autres…

Je remercie le professeur Gabriel Arvis qui organisait la formation d'andrologie à l'hôpital Tenon. Je crois que c'est le meilleur enseignement que j'aie jamais suivi.

Je remercie toute l'équipe de Bobigny responsable de l'enseignement de sexologie. J'y ai beaucoup appris et j'ai eu le plaisir de m'y faire des amis !

Je remercie les docteurs Gérard Vallès, Jean-René Dintrans et Charles Gellman pour leurs cours toujours intéressants.

Un grand merci aussi au docteur Bernard Boutot de Montpellier grâce à qui j'ai rencontré l'hypnose, et au docteur Patrice Mayou d'Enghien qui a régulièrement l'occasion de me donner de très bons conseils.

Mon adresse e-mail si quelqu'un souhaite m'écrire : csolano@caramail.com.

AVANT-PROPOS

Lorsque, après trois ans, j'ai terminé ma formation de sexologue, je me suis installée à Paris. J'avais déjà sept ans d'expérience en tant que médecin. Pourtant, je me suis trouvée un peu stressée ! Car, si ma formation semblait complète, de qualité, avec des cours, des supervisions, des ateliers, des sessions de travail sur des cas cliniques réels, il manquait quelque chose : la pratique des consultations.

En effet, en sexologie, il est très difficile d'assister à des consultations quand on est étudiant. Imaginez que vous alliez consulter un médecin dans un hôpital et qu'il vous demande : « J'ai un étudiant qui souhaite assister à votre consultation. Êtes-vous d'accord ? » Il y a 99 % de chances pour que vous répondiez : « Non, j'ai besoin d'intimité pour parler de mes problèmes. C'est déjà assez difficile comme ça ! »

Alors, j'étais un peu, je crois, comme un parachutiste qui doit sauter pour la première fois. Il a eu des cours, répété des gestes, préparé son parachute… il doit quand même se lancer !

Au début, de temps en temps, je piquais un fard. Je devenais rouge comme une tomate en entendant mes patients me raconter certains détails. Heureusement, je me suis vite aperçue qu'ils étaient le plus souvent encore plus gênés que moi ! Et je ne crois pas qu'un seul ait remarqué mes réactions. Le plus drôle, c'était les personnes qui me racontaient des choses inimaginables, et qui me disaient : « Vous qui êtes spécialiste, vous savez ce que c'est.

— Heu... Oui... »

Mais, dans ma formation, il m'a aussi manqué des choses pratiques. Notre formation est, à juste titre, très orientée vers l'approche psychologique. Du coup, il manque parfois les informations les plus simples.

C'est ainsi que la question de l'éjaculation prématurée s'est posée avec insistance. La plupart des hommes venaient me voir pour ça. Et c'est un problème très concret. Il est difficile d'y répondre par une psychothérapie longue. Les patients ne le souhaitent pas, et ce n'est sans doute pas ce qui serait vraiment adapté.

Alors, je me sentais assez démunie. Je me suis donc intéressée à ce sujet. J'ai lu, et aussi beaucoup écouté mes patients, mes collègues... J'ai souvent entendu un patient me dire : « J'ai essayé de me documenter sur l'éjaculation précoce pour trouver une solution, mais je n'ai jamais rien trouvé, ou très peu de chose. »

Ce sujet n'est pas très porteur en sexologie. Il n'est pas passionnant ! Ce n'est pas un problème bizarre comme les perversions, inquiétant comme l'impuissance, amusant comme les fantasmes... Il est souvent considéré comme mineur. Et beaucoup de sexologues ne s'y intéressent qu'à moitié. Il ne s'agit pas d'une maladie grave.

Le corps d'un homme qui éjacule trop vite fonctionne. Il fonctionne même assez bien, du point de vue médical en tout cas.

Un patient qui consulte reçoit souvent des réponses variées et pas toujours adaptées.

— « Ce n'est pas grave, ça s'arrangera avec le temps. »

Ou encore :

— « Il n'y a rien à faire, vous serez toujours comme ça. Prenez-en votre parti. »

Ou pire :

— « Le problème, ce n'est pas l'éjaculation précoce, mais c'est que ça évolue souvent vers une impuissance ! »

Cela est faux, mais dévastateur. Car, si c'est un médecin qui vous parle, vous aurez tendance à le croire.

Pourquoi des réponses aussi déprimantes et différentes ?

Parce que ce comportement d'éjaculation trop rapide n'est pas toujours facile à modifier. Et que, d'un homme à l'autre, la cause et le traitement le mieux adapté ne sont pas forcément les mêmes.

Il existe donc toutes sortes de traitements, de techniques… S'il en existe tant, c'est justement parce qu'aucune n'est efficace à 100 %.

Quelquefois, il suffit d'une information pour comprendre ce qui se passe dans votre corps. Et cela change tout. Parfois, un travail est nécessaire, que ce soit des exercices pratiques ou un travail psychologique.

Je me propose donc de faire le tour de tout ce qui peut se faire pour « guérir » l'éjaculation prématurée. J'espère que vous y trouverez des réponses.

J'aimerais continuer avec vous ce travail : si vous avez trouvé une solution, un truc, une technique, mentale, comportementale, physique ou autre, qui vous a beaucoup aidé, écrivez-moi. Je souhaiterais la connaître pour en faire profiter ceux qui en ont besoin. Vous pouvez bien sûr m'écrire de manière anonyme ! Je comprendrai parfaitement !

1re PARTIE

L'ÉJACULATION PRÉMATURÉE

La première cause de l'éjaculation rapide remonte sans doute à nos origines.

En effet, tous les singes éjaculent après quinze ou trente mouvements coïtaux. Pour eux, la durée totale du coït n'excède jamais 10 secondes.

La copulation est donc une séquence comportementale préétablie. Un seul primate peut s'affranchir de cet automatisme naturel : l'homme.

Mais, ce n'est pas facile pour tous les hommes. Il semblerait que les premières expériences sexuelles contribuent fortement à instaurer un fonctionnement automatique. Si le coït est très bref, un conditionnement s'installe. Si le coït dure un peu plus, une voie est ouverte pour libérer le corps de l'héritage de milliers d'années de conditionnement. (J. Waynberg : *Essai d'interprétation ontogénétique de l'éjaculation prématurée.*)

Ainsi, l'éjaculation prématurée est une dysfonction sexuelle très répandue. Elle est sans doute le motif de consultation le plus fréquent chez l'homme en sexologie. D'après Kinsley, 75 % des hommes éjaculent en moins de deux minutes, et 90 % en moins de trois minutes. Mais, ces chiffres datent de 1948.

Plus récemment, en 1981, Hite note que 30 % des hommes interrogés éjaculent en moins d'une minute, et

90 % en moins de cinq minutes. Même si ces chiffres se sont améliorés, le nombre d'hommes concernés reste très important. Et, comme l'orgasme féminin dépend bien de la durée du coït, l'éjaculation prématurée concerne un grand nombre de couples.

Les conséquences de l'éjaculation prématurée ne sont pas seulement sexuelles. Bien sûr, la satisfaction sexuelle est inférieure à ce qu'attend le couple, mais cette dysfonction rejaillit aussi sur l'image que l'homme a de lui-même. Un manque de confiance en soi, une peur de ne pas être à la hauteur lors d'une nouvelle relation, voire une humiliation, vont parfois retentir dans toutes les sphères de sa vie. La sphère conjugale est en première ligne : mésentente, agressivité, frustration peuvent s'installer. La femme peut parfois multiplier les infidélités pour aller explorer ce qu'elle ne trouve pas chez son partenaire.

Il est quand même assez rare que l'éjaculation prématurée soit à l'origine d'une rupture ou d'un divorce. Et, lorsque c'est le cas, il existe, en règle générale, bien d'autres causes de conflit plus ou moins avouées. La dysfonction sexuelle peut alors être mise en avant, mais elle est souvent l'arbre qui cache la forêt.

1.

QU'EST-CE QUE L'ÉJACULATION PRÉMATURÉE ?

L'éjaculation *précoce* est un terme qui n'est pas utilisé par les sexologues. Nous lui préférons le terme d'éjaculation *prématurée*. Pourquoi ? Parce que si vous avez un enfant précoce, vous êtes content, pas si vous avez un enfant prématuré.

Il n'existe pas de définition admise universellement. Chacun a sa propre définition !

En voici quelques-unes assez variées :

- Une éjaculation qui survient moins d'une minute après la pénétration.
- Une éjaculation qui survient dans 50 % des cas avant d'avoir satisfait la partenaire.
- Une éjaculation qui survient avant la pénétration.
- Une éjaculation qui survient systématiquement avant que l'homme ne le souhaite.

Finalement, ces définitions sont surtout utiles pour quantifier : pour les statistiques, pour étudier les résultats de telle ou telle méthode thérapeutique.

Et un homme qui se plaint d'éjaculation précoce doit simplement être aidé, d'une manière ou d'une autre. C'est à lui de savoir s'il doit ou non consulter.

Je précise toujours à mon patient que si le rapport de pénétration dure plus de trois minutes, le problème ne me semble pas très grave. Car, si un homme peut faire trois minutes de va-et-vient après pénétration sans éjaculer, il est très près d'un contrôle.

Parvenir à un contrôle parfait n'est pas un but en soi. Parce que le parfait contrôle est difficile à obtenir, voire impossible. Il n'est sans doute même pas souhaitable : une part de la spontanéité se perdrait.

Comment fonctionne l'éjaculation ?

L'éjaculation est l'expulsion de sperme par saccades. Mais, en réalité, ce phénomène observable est précédé d'événements préalables moins identifiables physiquement. L'éjaculation est l'aboutissement de phénomènes d'excitation, sensoriels, émotionnels, fantasmatiques, moteurs... (Elle peut aussi être un phénomène réflexe comme l'éjaculation nocturne.)

Dans l'éjaculation prématurée, ce sont ces séquences précédant l'éjaculation qui sont en cause, bien plus que l'éjaculation elle-même.

C'est pourquoi, la compréhension du fonctionnement éjaculatoire n'est pas d'une grande aide pour améliorer le contrôle de cette éjaculation. Les explications seront donc brèves !

L'éjaculation se fait en deux phases :

• **La phase d'émission** correspond à la préparation du sperme. En effet, le sperme n'est pas du tout « prêt à l'emploi » dans le corps. On y trouve seulement ses différents composants qui se mélangent juste au moment de l'émission.

Le sperme est composé de spermatozoïdes, de liquide prostatique (produit par la prostate), et de liquide séminal (provenant des vésicules séminales).

Ces fluides sont émis dans l'urètre. Ils sont alors prêts à sortir du corps.

Au moment de l'émission se produit la sensation imminente d'éjaculation. Quelques dixièmes de secondes plus tard vient le point de non-retour : deuxième phase.

• **La phase d'expulsion** : des contractions rythmées involontaires et incontrôlables surviennent. Les premières contractions sont fortes, et les suivantes vont en diminuant d'intensité.

Ce sont des contractions des muscles situés à la racine du pénis, ainsi que celles des organes sexuels internes. L'orgasme se produit le plus souvent au même moment. Mais, il peut aussi être ressenti un peu avant ou après.

Les avantages de l'éjaculation prématurée

Si une éjaculation trop rapide et quasiment incontrôlable vous gâche la vie, vous avez peut-être du mal à imaginer que cette situation puisse présenter des avantages. C'est pourtant utile de les connaître, ne serait-ce que pour relativiser ce problème.

Avantage numéro 1 : trajectoire érotique normale

Les hommes présentant une éjaculation prématurée ont une trajectoire érotique normale. Cela signifie que, pour eux, tout fonctionne bien : ils ont du désir, une érection, ressentent du plaisir, éjaculent normalement, et peuvent procréer. Heureusement, bien sûr, tout cela est normal. Cependant, en tant que sexologue, nous recevons tous les jours des gens qui ont un blocage de cette trajectoire érotique, et qui, eux, ne « fonctionnent pas normalement ».

C'est pour cela que la plupart des sexologues considèrent que l'éjaculation prématurée n'est pas du tout une maladie, mais un problème tout à fait bénin, un dysfonctionnement sexuel vraiment mineur.

C'est bien le cas, mais le problème, ce sont les conséquences de l'éjaculation prématurée, plus peut-être que l'éjaculation prématurée elle-même.

Je pense aux problèmes de couple, au manque de confiance en soi qui peut en découler, à une certaine dévalorisation personnelle, voire même à un état dépressif...

Avantage numéro 2 : désir fort

Les hommes qui ne contrôlent pas bien leur éjaculation disent souvent : « J'ai trop de désir », ou bien : « J'ai un désir trop fort ». C'est ce qu'ils ressentent, mais, en réalité, ce n'est pas du tout un inconvénient. Au contraire, c'est un avantage, car, en fait, on ne peut jamais dire qu'un désir est trop violent. Plus il y a de désir, et mieux c'est. C'est donc une bonne chose de ressentir beaucoup de désir.

Vous proposer un traitement visant à atténuer votre désir sexuel, de manière à mieux contrôler votre éjaculation, serait une grossière erreur. En effet, si vous sentez un désir trop fort, cela signifie : mon désir est plus fort que moi, ce n'est plus moi qui commande mon corps, mais ce désir puissant. Ce qu'il vous faut, c'est apprendre à supporter un désir de cette intensité, et à rester le maître chez vous, si l'on peut dire. Il s'agit de laisser le désir monter très haut, puis de décider par votre volonté d'éjaculer à peu près quand vous le souhaitez.

On peut dire exactement la même chose pour le plaisir, d'ailleurs : je ne parle pas ici de l'orgasme, mais des sensations voluptueuses agréables avant l'orgasme.

Certains hommes disent : « C'est trop agréable, les sensations sont trop fortes quand je fais l'amour. » Mais ce n'est jamais trop agréable ! La solution n'est pas d'atténuer ces sensations agréables, mais d'apprendre à les supporter, à les accepter plus longtemps, au cours d'un rapport plus long, et peut-être même seront-elles alors encore plus fortes.

Avantage numéro 3 : bonne érection

Les hommes présentant une éjaculation prématurée ont une érection de bonne qualité. Ils savent très bien se laisser porter par le désir, se laisser envahir par les sensations voluptueuses, et laisser leur corps réagir à ces émotions.

Il arrive cependant que l'érection ne soit pas bonne, mais, en général, cela est dû à l'appréhension, au stress, à la peur de mal faire. Au départ, si vous êtes éjaculateur rapide, a priori, vous avez une bonne érection.

**Avantage numéro 4 :
possibilité de rapports rapprochés**

L'éjaculation rapide est presque toujours associée aussi à un avantage intéressant : la possibilité d'avoir facilement plusieurs rapports sexuels rapprochés. En effet, après une éjaculation, tout homme passe par ce que l'on appelle une période réfractaire, c'est-à-dire un moment plus ou moins long pendant lequel toute érection est physiquement impossible, et toute stimulation sexuelle inefficace, désagréable, voire même douloureuse. La durée de cette période réfractaire varie beaucoup selon les hommes.

Si vous êtes « éjaculateur prématuré », vous avez presque à coup sûr une période réfractaire brève. C'est bien sûr un avantage, car vous pouvez avoir plusieurs relations sexuelles d'affilée.

Avantage numéro 5 : être un bon amant

Un homme éjaculateur prématuré est souvent, paradoxalement, un bon amant, beaucoup de femmes l'affirment. En effet, il s'en veut tellement de ne pas donner assez de plaisir à sa partenaire au moment de la pénétration qu'il met tout en œuvre pour lui donner du plaisir d'une autre manière. Et il compense par des préliminaires plus longs, ce qui est souvent très agréable pour une femme. D'autre part, comme il a peur de ne pas donner suffisamment de plaisir, il est très attentif à ce que ressent sa partenaire, et il connaît souvent mieux que beaucoup d'autres hommes les réactions sexuelles féminines. Il faut aussi savoir que 70 % des femmes n'éprouvent pas d'orgasme vaginal, mais plus facilement clitoridien ; elles sont alors parfaitement satisfaites si vous êtes attentif à leur plaisir plutôt qu'à vos performances.

C'est pourquoi, beaucoup d'hommes me disent : « Ma partenaire ne me parle jamais de cette éjaculation trop rapide ; je crois qu'elle a peur de me vexer, qu'elle n'ose pas me le faire remarquer. Je suis sûr que ça l'embête beaucoup, mais qu'elle ne veut pas me faire de peine en m'en parlant. » Ou bien : « Quand je lui demande si mon éjaculation trop rapide est un problème pour elle, elle m'affirme que cela ne la dérange pas du tout, et qu'elle est satisfaite de la qualité de nos rapports. Mais je ne la crois pas trop, car je ne pense pas qu'une femme puisse vraiment se satisfaire de ces rapports. »

Il existe bien sûr des femmes discrètes qui ont peur de faire de la peine, des femmes qui préfèrent même mentir pour rassurer. Mais certaines femmes sont réellement satisfaites ! Elles y trouvent leur plaisir, et le rapport de pénétration n'est pas forcément ce qu'elles préfèrent dans l'amour.

J'ai même connu une femme qui m'a avoué : « Le meilleur amant que j'aie connu était complètement impuissant, à cause d'un problème physique ; il ne parvenait jamais à obtenir d'érection. Or, je n'ai jamais eu autant de plaisir qu'avec lui. Lui, au moins, il était vraiment attentionné, amoureux, et ne pensait pas seulement à lui. »

Je ne pense certainement pas que ce soit l'idéal, bien sûr, mais, si vous voulez améliorer la qualité de vos rapports, surtout, ne vous polarisez pas seulement sur ce qui ne fonctionne pas comme vous le souhaitez, mais aussi sur ce dont vous êtes capable. Si vous ne pensez plus qu'au rapport de pénétration, si cela devient obsessionnel, c'est à ce moment que la qualité de vos rapports risque de se dégrader.

Même si près de 70 % des femmes n'éprouvent pas d'orgasme vaginal, cela ne signifie pas pour autant qu'elles n'éprouvent pas de désir de pénétration, ni de plaisir à la pénétration. Simplement, ce plaisir ne va pas forcément jusqu'à l'orgasme.

Finalement, on a pu dire que les meilleurs amants étaient en fait les hommes qui ont souffert d'éjaculation prématurée, et qui sont « guéris ». En effet, ces hommes gardent en général l'habitude et le goût des préliminaires assez longs, et restent attentifs au plaisir de leur partenaire.

2.

AVEZ-VOUS VRAIMENT UNE ÉJACULATION PRÉMATURÉE ?

Je parle de fausse éjaculation prématurée lorsqu'un homme est persuadé d'avoir un problème d'éjaculation prématurée alors qu'il n'en est rien. Donc, même si vous pensez que vous, vous souffrez d'éjaculation prématurée, lisez attentivement ce chapitre, vous pouvez être surpris, ou tout simplement apprendre des choses que vous ne saviez pas, et, peut-être, des choses utiles.

Nombre de rapports trop faible pour juger

Premier cas

Jean-Baptiste, vingt ans, vient me consulter et me dit :

« Je crois que je suis un éjaculateur précoce. Je n'arrive pas du tout à me contrôler, et, dès la pénétration, j'éjacule.

— Comment s'est passé votre tout premier rapport sexuel ?

— C'était il y a un an, et je ne peux pas dire que cela se soit passé très mal, mais beaucoup trop vite.

— Et par la suite ?

— En fait, je n'ai eu qu'une relation avec cette fille,

donc, je n'ai pas eu de rapports pendant un bon moment ensuite. Maintenant, j'ai une copine depuis un mois.

— Et entre ces deux partenaires, que s'est-il passé ?

— Je n'ai pas eu de rapports pendant un an.

— D'accord. Et, avec votre amie actuelle, pouvez-vous m'expliquer comment votre relation a commencé, sur le plan sexuel ?

— Nous avons fait l'amour il y a à peu près un mois pour la première fois, et j'ai éjaculé tout de suite ; c'est là que j'ai commencé à me poser des questions ! Et d'ailleurs, j'avais raison puisque, la fois suivante, c'était toujours aussi rapide.

— Combien de temps après avez-vous eu ce deuxième rapport avec votre amie ?

— C'était avant-hier. »

Voilà donc un jeune homme qui a eu, en tout et pour tout, trois relations sexuelles dans sa vie, avec, entre ces trois expériences, un intervalle de temps assez long : un an, puis un mois.

Au début de la vie sexuelle, presque tous les hommes ont une éjaculation incontrôlable, ou très difficilement contrôlable. Il n'y a pas lieu de s'en inquiéter, il faut seulement faire preuve d'un peu de patience, car avec de la pratique, la situation va s'améliorer d'elle-même.

Ce phénomène s'explique facilement. À l'adolescence, le corps et son fonctionnement changent, sous l'action, entre autres, des hormones sexuelles. C'est à cette époque que surviennent fréquemment des éjaculations nocturnes : c'est dire que le réflexe de l'éjaculation est alors extrêmement sensible, plus qu'il ne le sera jamais par la suite. De plus, en partie à cause de ces changements hormonaux, l'adolescent a une grande excitabilité.

C'est pour ces raisons que les premiers rapports, à une époque de la vie où l'excitabilité et la réactivité du corps sont très fortes, aboutissent presque systématiquement à un orgasme extrêmement rapide.

Il ne reste plus qu'à rassurer Jean-Baptiste et à lui demander de patienter encore un peu avant de s'inquiéter ! Si, au bout de deux mois, environ, de rapports réguliers, plus rapprochés, la situation ne s'améliore pas, alors il sera temps de réagir.

J'ajoute que j'éprouve une certaine admiration pour un jeune homme comme Jean-Baptiste. Il a vraiment envie de réussir sa vie affective, y compris sur le plan sexuel, et il prend tout de suite les moyens pour y arriver. Et je sais que ce n'est pas facile de venir consulter un sexologue !

J'explique donc que ce qui lui arrive est tout à fait normal, et très fréquent. Ainsi, cette éjaculation rapide va simplement rester un désagrément passager. Elle ne va pas devenir une obsession ni un sujet de stress. Et si jamais, après un temps d'observation, il s'aperçoit qu'il a vraiment un problème de contrôle, il consultera à nouveau assez rapidement. Le traitement sera alors assez facile car il s'agira d'un problème récent, pris en charge très vite, et le résultat est, dans ce cas, très bon en général.

Je vois assez souvent en consultation des hommes qui ont un mauvais contrôle de leur éjaculation depuis de nombreuses années. C'est alors moins facile, et moins rapide de transformer un comportement auquel le corps est habitué depuis si longtemps.

Je n'ai pas revu Jean-Baptiste, et je suis persuadée que tout va bien pour lui maintenant.

Deuxième cas

Marc a vingt-cinq ans. Il est marié depuis trois ans et, malheureusement, sa femme Corinne et lui sont séparés pour des raisons professionnelles, et ne se voient que tous les quinze jours. (Marc est fonctionnaire et, à son âge, il lui est très difficile d'obtenir une mutation.) Il vient donc consulter seul, puisque sa femme est vraiment loin. Leur problème est celui d'un mariage non consommé. Corinne et Marc n'ont donc jamais fait l'amour ensemble. D'ailleurs, ils n'ont jamais fait l'amour du tout, ni l'un ni l'autre, avant de se connaître.

Je passe les détails du traitement, mais toujours est-il que, quinze jours après la deuxième consultation, Marc revient me voir pour la troisième fois et me dit tout content : « Cette fois, ça y est. » Le mariage a été consommé, la pénétration a eu lieu. « Mais, ajoute-t-il, il y a un problème, c'est que cela a été très rapide, et nous n'y arrivons pas dans toutes les positions. »

J'ai simplement expliqué à Marc que tout ne pouvait pas être parfait dès la première fois, et qu'il ne lui suffisait plus que d'un peu de patience. Les faits ont confirmé mon optimisme puisque, un mois après, cela « marchait » dans toutes les positions et que le rapport durait déjà nettement plus longtemps. Or, un mois, pour ce couple, cela correspondait seulement à deux week-ends ensemble !

Ce qu'il faut retenir

On sait que les premiers rapports sont presque toujours très rapides, et il faut savoir attendre avec un peu de patience l'allongement naturel de cette durée avant de commencer à s'inquiéter. Je dirai qu'il faut attendre au moins une dizaine de relations, à intervalles assez rapprochés (deux à trois par semaine, si possible), avant de se pencher sur la question.

Rapports trop espacés

Valéry consulte pour un problème d'éjaculation rapide. Il a trente-cinq ans, il est marié depuis dix ans à Françoise, âgée de trente-quatre ans. Depuis toujours, son éjaculation survient en moins de trois minutes. Sa femme accepte assez bien la situation, mais ils en ont parlé tous les deux, et elle aimerait bien qu'il fasse quelque chose pour que les rapports sexuels soient plus satisfaisants pour elle.

Par ailleurs, tout fonctionne bien dans leur couple ; leur entente est bonne, ils ont deux enfants de sept et trois ans, leur vie sociale et professionnelle se passe bien. En fait, il y a quand même un petit problème : Valéry a un travail aux horaires très réguliers, un travail de bureau, et Françoise est infirmière. Elle a des horaires variables. Elle travaille soit très tôt le matin, certains jours, soit assez tard le soir, jusqu'à 21 heures. De plus, Françoise travaille aussi assez souvent le week-end. Alors, il leur arrive de se croiser, et de ne pas beaucoup se voir pendant plusieurs jours. Dans ces conditions, leurs rapports sexuels sont moins fréquents qu'ils ne le souhaiteraient tous les deux. Ils font l'amour à peu près tous les quinze jours.

Que faire ?

En cas d'éjaculation rapide, et dans tous les cas, on considère que, pour améliorer, pour augmenter la durée du rapport sexuel, il est impératif d'avoir au moins trois relations par semaine. C'est-à-dire que, pour changer quelque chose au réflexe d'éjaculation, pour réussir à mieux le contrôler, il faut des rapports sexuels rapprochés car cela facilite énormément le changement. C'est pourquoi, dans le cas de Valéry et de Françoise, il faut absolument qu'ils s'obligent à avoir trois rapports par semaine.

C'est pourquoi, lorsqu'un couple se constitue, il est toujours préférable « d'attaquer » ce problème d'éjaculation rapide tout de suite. En effet, au début d'une relation amoureuse, dans l'élan passionnel, les rapports sont toujours naturellement plus fréquents. C'est beaucoup plus facile de changer dès le départ plutôt que dix ans plus tard, avec moins de rapports et moins de temps, et si, en plus, vous avez trois enfants.

Cela ne signifie pas pourtant qu'il faille, à vie et pour

toujours, soutenir un rythme de trois rapports par semaine. Mais au début, pour entraîner le corps à apprendre à contrôler son réflexe d'éjaculation, il faut une certaine régularité. Sinon, c'est beaucoup plus difficile d'y parvenir.

Il faut tout de même noter que certains hommes réussissent très bien à faire l'apprentissage physique du contrôle éjaculatoire avec des relations assez peu fréquentes. Mais ce n'est malheureusement pas le cas pour tous les hommes.

Pour Valéry, il a fallu un bon mois de rapports plus fréquents, en association avec des exercices et un traitement, avant d'améliorer la situation.

Longue interruption entre les rapports

Un de mes collègues sexologues m'a raconté ce qu'il a observé à ce sujet : « Après la guerre du Golfe, m'explique-t-il, j'ai soudain reçu un grand nombre d'hommes en consultation pour éjaculation rapide. Il s'agissait de militaires qui avaient été envoyés au Koweit. Ils y étaient restés huit à neuf mois environ et, à leur retour, surgit un petit problème : eux, qui n'avaient jamais eu de problème sexuel auparavant, avaient désormais une éjaculation complètement incontrôlable. »

Comment cela peut-il s'expliquer ?

C'est tout simple : après un temps d'abstinence sexuelle, lors de la reprise des rapports, l'éjaculation est toujours beaucoup plus rapide au début. Et il faut ajouter que la pratique de la masturbation n'y change souvent rien. Donc, même si ces militaires ont pratiqué la masturbation pendant ces mois d'éloignement, le résultat est le même.

Il est évident que tous les militaires n'ont pas observé cette baisse de contrôle de leur éjaculation : beaucoup de ces hommes savaient, simplement par expérience, qu'après une séparation un peu longue, avec leur femme ou leur amie, il leur fallait un peu de temps pour retrouver leur rythme de croisière, sexuellement parlant.

Malheureusement, certains hommes ne le savent pas. Alors, au premier rapport trop rapide, ils commencent à « paniquer », en se demandant ce qui leur arrive. Et si, en plus, leur partenaire en rajoute, et demande, par exemple, d'un air soupçonneux : « Je ne comprends pas, avant, tout allait bien ; qu'es-tu allé faire là-bas au Koweit ? », alors, le stress, l'inquiétude vont encore augmenter, et accentuer la rapidité de l'éjaculation.

Finalement, au lieu de s'améliorer dans le calme et la joie des retrouvailles, la situation va empirer. On peut alors voir une sorte de cercle vicieux se mettre en place : une éjaculation rapide entraîne un stress ; au rapport suivant, l'appréhension est augmentée, et l'éjaculation survient plus rapidement, ce qui augmente l'appréhension, et ainsi de suite.

Les premiers rapports de retrouvailles qui auraient dû permettre de refaire l'amour de manière agréable vont au contraire dérégler quelque chose qui fonctionnait parfaitement bien auparavant.

Que faire ?

Il faut déjà savoir qu'après une interruption dans la régularité des relations sexuelles, l'éjaculation est presque toujours beaucoup plus rapide.

Si vous le savez, vous ne vous inquiéterez pas du tout lorsque cela se produira, et de ce fait, vous retrouverez tout naturellement votre contrôle après un ou plusieurs rapports.

Si vous devez donc passer par une période d'abstinence sexuelle plus ou moins longue, pour des vacances, un éloignement professionnel, etc., prévenez votre partenaire que le rapport risque de ne pas durer très longtemps, car cela fait un moment que vous n'avez pas fait l'amour. En effet, toutes les femmes ne savent pas que les hommes fonctionnent de cette manière. Alors, si vous prévenez, cela détend l'atmosphère, et facilite énormément la reprise de contrôle. (Au contraire, une partenaire très inquiète va augmenter le risque de pérenniser la situation.)

Confusion du fluide des glandes de Cowper avec un début d'éjaculation

Il m'arrive très souvent de recevoir en consultation des hommes qui ne connaissent pas très bien le fonctionnement de leur propre corps. On me dit parfois : « Lors d'un rapport sexuel, je sens très vite que je commence à éjaculer, alors, ce n'est plus la peine de me retenir ! » Ou encore : « Je contrôle très mal mon éjaculation, et j'ai même des fuites. »

En fait, ces hommes croient commencer à éjaculer, alors qu'il n'en est rien. Ils pensent qu'un début d'éjaculation a eu lieu, et qu'il est ensuite impossible de se retenir. En effet, ils confondent un fluide avec le sperme. Ce fluide survient aussi lors d'un rapport sexuel, et il sort aussi de l'urètre, mais ce n'est pas du sperme, et il ne s'agit pas d'une éjaculation.

Il y a là une méconnaissance de la physiologie masculine, c'est-à-dire du fonctionnement de son propre corps.

Chez les hommes, le canal de l'urètre a plusieurs fonctions. C'est par là que s'écoule l'urine, c'est par là que le sperme est expulsé. Cela, tout le monde le sait. Mais, chose plus méconnue, c'est aussi par ce même urètre que sort le fluide des glandes de Cowper (ou glandes bulbo-urétrales).

Ce liquide est parfois aussi appelé « le liquide du désir ». En effet, il apparaît lorsque l'excitation sexuelle est déjà assez forte, après que l'érection est en place, et avant l'éjaculation.

Donc, quand la stimulation sexuelle est suffisamment forte, ce liquide sort du pénis. Ce liquide est clair, transparent, parfois légèrement blanc, et il s'écoule doucement, sans aucune intervention de la volonté. La quantité est assez faible, parfois quelques gouttelettes, parfois un peu plus, et c'est un liquide un peu filant (il peut aussi se présenter sous la forme de filaments).

Certains hommes ne se rendent même pas compte que leur corps fabrique ce fluide parce que, si la pénétration a déjà eu lieu, ils ne le voient pas. Et, de plus, tous les hommes ne ressentent pas l'écoulement de ce liquide des glandes de Cowper.

Ce liquide a son rôle à jouer : il sert tout d'abord à lubrifier, pour la pénétration. Il sert aussi à neutraliser l'acidité de l'urine. En effet, les spermatozoïdes sont attaqués par l'acidité ; donc, si un homme éjacule peu de temps après avoir uriné, ses spermatozoïdes pourraient être de mauvaise qualité, et la reproduction pourrait être mise en péril. La nature a donc tout prévu : l'urètre est nettoyé, et lubrifié juste au bon moment.

Tous les hommes qui apprennent cela me disent : « C'est extraordinaire comme notre corps est bien fait. » Et, parfois, je remarque qu'un homme qui semblait presque dégoûté de penser à ce liquide a le visage qui s'éclaire, l'air de dire : « Ah, je comprends enfin ! »

Très souvent aussi, on me dit : « Avant, je n'avais jamais de liquide qui sortait comme ça, avant l'éjaculation. » Or, cela est faux, et ce liquide existe dès la puberté, mais beaucoup d'hommes n'y font pas du tout attention. Ils le remarquent souvent lorsqu'ils s'inquiètent d'une éjaculation prématurée par exemple, parce que, à ce moment-là, ils commencent à s'observer de plus près.

Par conséquent, ce liquide des glandes de Cowper n'a rien à voir avec une éjaculation.

Lorsqu'il survient, il n'y a pas lieu de croire que l'éjaculation est imminente. Son apparition signifie seulement que l'excitation est déjà assez forte, et que le corps se prépare à une pénétration (fonction de lubrification) et, plus tard, à une éjaculation (fonction de nettoyage de l'urètre).

Le liquide des glandes de Cowper n'est pas du tout composé de sperme. Il ne contient pas de spermatozoïdes. Néanmoins, si vous avez deux rapports sexuels rapprochés, après le premier rapport, il reste toujours des spermatozoïdes dans l'urètre. Et lorsque, au cours du deuxième rapport, le liquide des glandes de Cowper est sécrété, il entraîne avec lui les spermatozoïdes restant dans l'urètre. La conception est alors possible, même sans éjaculation. C'est une des raisons pour lesquelles la méthode du retrait n'est pas efficace comme contraception.

On conseillait donc autrefois, lorsqu'il n'existait pas d'autre moyen de contraception efficace, d'aller uriner avant tout rapport sexuel, afin de chasser tous les spermatozoïdes pouvant se trouver dans l'urètre. De cette manière, si l'homme se retirait avant d'éjaculer, le liquide des glandes de Cowper ne pouvait pas entraîner de spermatozoïdes dans les voies génitales féminines.

Ceci dit, même de cette manière, la méthode du retrait n'est pas très efficace, car c'est très difficile de contrôler à 100 % son éjaculation.

Recherche d'un trop grand contrôle

Maxime vient me voir pour une éjaculation trop rapide et un manque de contrôle. Je commence mes explications, et je le sens peu intéressé, voire même un peu agacé. Il se trouve que, exceptionnellement, j'ai oublié de lui poser la question classique : « Combien de temps tenez-vous sans éjaculer après la pénétration ? »

Lorsque je le lui demande enfin, tout s'éclaire. Il me répond :

« Cela peut durer vingt minutes, mais je ne peux pas

contrôler le moment de l'éjaculation. Elle vient quand elle veut, je n'y peux rien changer.

— Et si vous arrêtez complètement les mouvements de va-et-vient ?

— Ça dure plus longtemps.

— Et si vous faites des mouvements de va-et-vient plus lents ?

— Ça dure aussi plus longtemps.

— Alors, en ralentissant, ou en faisant une pause, vous pouvez faire durer le rapport plus de vingt minutes ?

— Oui. Mais si je fais l'amour normalement, avec des mouvements de va-et-vient rapides, ça dure dans les 10 minutes seulement. »

Maxime est tout à fait normal. Il pense simplement que l'éjaculation peut se contrôler comme un mouvement des mains ou des pieds. Mais c'est faux ! L'éjaculation est quand même un réflexe. Elle ne pourra jamais être contrôlée à 100 %. Elle dépend toujours de l'état émotionnel, et non de la volonté.

Bien sûr, on peut apprendre à gérer un état émotionnel, mais pas à en faire exactement ce que l'on veut. Et Maxime va devoir accepter que son corps fonctionne de cette manière puisque c'est tout à fait normal.

Peur de la panne

C'est un cas de figure assez peu fréquent, mais il existe.

Je vois Matthieu pour une éjaculation prématurée, qui existe depuis toujours. Matthieu a trente ans et il est célibataire. Il n'a pas d'amie régulière actuellement. Il pense qu'il a du mal à nouer une relation de qualité, de longue durée, à cause de ce dysfonctionnement sexuel.

Je ne lui prescris pas de médicaments, mais seulement des exercices et des séances d'hypnose.

Après la troisième séance, il me dit : « Je sais enfin pourquoi j'ai ce problème ; j'ai trouvé d'où cela provient. En fait, la première fois où j'ai fait l'amour, j'ai eu très peur que mon érection ne tienne pas. Alors, je me suis efforcé d'éjaculer volontairement le plus rapidement possible, pour avoir un rapport complet. Cela m'a bien réussi. Alors, à chaque rapport suivant, j'ai utilisé cette méthode : éjaculer très vite, pour être sûr de garder mon érection jusqu'à la fin. Et je me rends compte que, depuis, je fais exprès d'éjaculer vite à chaque rapport, car je n'ai pas tellement confiance en mon érection. J'ai toujours, au fond de moi, cette peur de la panne, même si je ne m'en rendais même plus compte tellement j'y suis habitué. Il a fallu que je vienne vous voir et faire ces séances d'hypnose pour que je m'en aperçoive. »

Bien sûr, je lui demande : « Mais avez-vous déjà eu des pannes, et dans quelles circonstances ? » Il me répond, à ma grande surprise : « Non, je n'ai jamais eu de panne sexuelle, j'ai toujours une bonne érection. »

Donc, bizarrement, cet homme s'oblige à éjaculer vite alors qu'objectivement il n'a aucune raison d'avoir une quelconque appréhension au sujet de son érection. Cette appréhension est quasiment de l'ordre de la phobie, puisqu'elle n'a aucune raison d'être, qu'elle ne repose sur rien de concret, uniquement sur l'imagination. J'ai donc demandé à Matthieu de laisser durer son rapport plus longtemps pour observer combien de temps pouvait tenir son érection. Et il n'a plus du tout eu besoin de traitement ; en effet, il a constaté que son érection était tout à fait bonne, et durait tout le temps nécessaire à un rapport assez long, et même très long ! Cette constatation a réduit à néant ses peurs irraisonnées puisqu'il avait la preuve qu'elles ne reposaient vraiment sur rien.

Mauvaise érection

Évidemment, après le cas de Matthieu, je peux tout de même dire que la peur de la panne n'est pas forcément irraisonnée.

Quand un homme sent que son érection est de mauvaise qualité, ou qu'elle ne va pas durer suffisamment longtemps, il peut s'efforcer d'éjaculer très vite de manière à éviter la panne.

Je ne prétends pas du tout que ce soit une mauvaise idée ; c'est même plutôt logique. Mais ce qui me paraît important, c'est de bien se rendre compte de ce qui se passe. Le problème est alors un problème d'érection, et pas du tout une éjaculation prématurée. Donc, si vous souhaitez un traitement, il vous faut traiter l'érection. Et si jamais vous venez consulter pour une éjaculation prématurée, vous risquez tout bonnement de n'avoir absolument aucun résultat, car vous ne consultez pas pour le problème d'origine, mais pour ses conséquences.

Dans ce cas, l'éjaculation rapide n'est pas réellement un problème, mais plutôt une solution à un problème d'érection. Ponctuellement, ce peut être une bonne solution, mais, à terme, il faudra traiter la dysfonction éréctile.

À savoir

Il faut vous poser la question suivante : « Est-ce que j'éjacule très vite pour camoufler une érection déficiente ou une érection qui risquerait de devenir déficiente ? »

S'il y a objectivement un problème d'érection, le traitement sera adapté dans ce sens, en commençant, a priori, par un bilan médical.

Si l'érection est manifestement normale, et qu'il s'agit plutôt d'une appréhension, alors le traitement sera psychologique. Personnellement, je pratique l'hypnose, mais ce peut être aussi l'indication d'un traitement par thérapie comportementale, ou sophrologie...

On pourrait aussi prescrire du « Viagra », simplement pour donner une solide confiance en l'érection.

Éjaculation satisfaisante en apparence grâce aux rapports répétés

Beaucoup d'hommes jeunes ont une éjaculation prématurée sans s'en rendre compte. Ils disent : « Le premier rapport est rapide, mais le deuxième ou le troisième durent plus longtemps. Alors, moi, ça va. »

Mais non, ça ne va pas. Car, avec le temps, répéter les rapports se révélera plus difficile. À vingt ans, avoir plusieurs rapports de suite est en général facile. À trente ans, un peu moins. À quarante ou cinquante ans, cela devient souvent problématique. Et c'est normal. Plus un homme avance en âge, et plus il lui faut de temps pour que son érection revienne. Et personne n'y peut rien, c'est le corps qui fonctionne de cette manière.

Alors, je vois souvent en consultation des hommes de quarante ou cinquante ans qui me disent : « Jusqu'ici, ça allait, je faisais l'amour deux ou trois fois de suite. Maintenant, je ne peux plus. Ce n'est pas ça qui me gêne, c'est mon éjaculation toujours extrêmement rapide la première fois. Du coup, mes rapports ne sont plus du tout satisfaisants. »

C'est pourquoi, le mieux est de consulter assez tôt. Il vaut mieux s'occuper de ce problème à vingt ou trente ans qu'à cinquante. Car, lorsque le corps a depuis trente ans un réflexe d'éjaculation rapide, c'est bien plus difficile de le faire changer. Au contraire, un homme jeune pourra s'adapter avec plus de souplesse.

Recherche de l'exploit

Justin est professeur de yoga. Il prétend consulter pour une éjaculation précoce. Mais il finit par avouer que ce n'est pas tout à fait ça !

« Je contrôle très bien mon éjaculation. Mes rapports peuvent durer autant que je veux. Mais je souhaite encore améliorer ça. J'ai un ami qui réussit à avoir des orgasmes sans éjaculer. Je souhaite réussir à faire la même chose. Je souhaite vraiment expérimenter cette sensation d'orgasme sans éjaculation. Car il paraît que ce n'est pas la même sensation que l'orgasme habituel, et que ça vaut vraiment le coup. »

Justin n'a pas de problèmes sexuels ! Il est en recherche de performance, et peut-être même en recherche d'exploit. Il a peut-être raison de chercher à dépasser ses limites. Ce n'est d'ailleurs sans doute pas un hasard s'il est professeur de yoga. Un métier où l'on travaille énormément sur le corps pour repousser ses limites.

Certains hommes réussissent avec un entraînement à contrôler leur corps de cette manière. Mais je considère que cela ne relève plus vraiment de mon travail de médecin. Justin n'a, en fait, aucun problème : il souhaite aller jusqu'au bout des possibilités de son corps.

Il existe un livre qui décrit une méthode pour arriver à ces résultats. C'est un livre plutôt technique. Je ne suis pas persuadée qu'il permette à tous les hommes de parvenir à l'orgasme sans éjaculation. (Barbara Keesling, *Comment faire l'amour toute la nuit*, Albin Michel.)

3.

LES CAUSES PHYSIQUES DE L'ÉJACULATION PRÉMATURÉE

Bien que ce soit rare, il peut exister une origine physique à l'éjaculation prématurée. Certains thérapeutes pensent pourtant qu'aucune cause physique n'existe.

Pourquoi ?

Parce que la guérison du problème physique n'entraîne pas forcément l'amélioration du contrôle de l'éjaculation. En effet, si au cours des premiers rapports sexuels, quelque chose a empêché l'acquisition d'un contrôle, un conditionnement se met en place et habitue le corps à éjaculer rapidement. Et cet automatisme, une fois installé, n'est pas toujours facile à modifier.

Il n'empêche que, si une cause physique est soupçonnée, il faut la traiter, car elle peut très bien empêcher toute amélioration, même si son traitement n'apporte pas l'entière solution.

Voici quelques problèmes physiques qui doivent faire consulter un urologue.

- **Un frein court** : il entraîne souvent une douleur à l'érection et à la pénétration. Il peut même parfois se déchirer et saigner.
- **Un phymosis** : l'anneau préputial est trop étroit, et il empêche de découvrir complètement le gland lors

de l'érection. Une intervention chirurgicale est peut-être nécessaire.

- **Des adhérences ou inflammations préputiales :** le prépuce a du mal à découvrir le gland, car ils sont accolés par endroits.
- **Prostatite :** c'est une inflammation de la prostate. Les signes peuvent être : des douleurs, des brûlures en urinant, une difficulté à uriner…
- **Maladies neurologiques :** lésions de la moelle épinière, par exemple.

Et plus généralement, tout ce qui entraîne une douleur ou une gêne au moment du coït. En effet, si lorsque vous faites l'amour, vous avez mal, alors votre corps se débrouille pour éjaculer vite de manière à éviter cette douleur ou cette gêne. Au moindre doute, consultez un urologue.

2e PARTIE

LES TRAITEMENTS

Comment utiliser ce livre ?

Je pense que l'idéal, c'est de lire tout ce livre avec un crayon à la main, et de noter quels sont les exercices, les pratiques dont vous pensez pouvoir tirer parti.

Vous aurez une liste de possibilités. Ensuite, choisissez de commencer à explorer une ou deux voies. Il ne faut pas trop en faire, mais plutôt vous axer avec assiduité sur ce qui vous semble le mieux adapté.

Ensuite, en fonction des changements obtenus, vous aurez à adapter votre stratégie.

Si vous n'avez pas du tout envie de tout lire, voici quelques indications qui vous permettront d'aller au plus efficace immédiatement.

Si vous êtes seul, dans une période où vous n'avez pas de rapports

- Vous pouvez consulter un médecin pour vous faire prescrire un traitement médicamenteux en prévision d'éventuels rapports, mais je vous conseille de ne pas le commencer. Seulement de le garder en réserve. En effet, vous pouvez déjà progresser seul sans traitement.

- Ensuite, je vous conseille de travailler à muscler votre périnée (cf. les exercices : la musculation du périnée).
- Puis, vous pouvez pratiquer les exercices de masturbation si vous pensez qu'ils peuvent vous être bénéfiques.
- Il peut être utile aussi de tester les différents trucs pour retarder l'éjaculation en cours de masturbation : squeeze, respiration, ouvrir les yeux, appuyer sur un point qui retarde l'éjaculation, aller le plus vite possible…

Si vous êtes en couple, mais que votre partenaire ne veut pas vous aider

- Prendre un traitement médicamenteux qui va déjà améliorer les choses.
- Vous entraîner à muscler votre périnée.
- Pratiquer les exercices de masturbation.
- Voir s'il y a des exercices plus intérieurs, plus mentaux qui peuvent vous être utiles.
- Éventuellement, penser à une thérapie plus psychologique.

Si vous êtes en couple, et que votre partenaire souhaite vous aider

Votre partenaire peut très bien être réticente pour vous aider, et puis changer d'avis, se mettre à participer lorsqu'elle constate des améliorations dues à vos efforts.

- Prendre un traitement médicamenteux.
- Choisir dans les exercices de couple ceux qui vous conviennent le mieux. Ceux qui vous semblent agréables ou amusants, et aussi ceux qui sont à première vue les plus utiles.
  Il ne faut pas faire trente-six choses en même temps. Mieux vaut choisir un seul exercice et le pratiquer régulièrement que de faire un peu de tout sans suivi.

Par exemple : massages, squeeze, stop and go, union réservée.
Et, même si vous ne voyez pas de résultat immédiat, insistez car il faut souvent un peu de temps pour constater un changement de comportement.

- Parallèlement, voyez s'il existe des pratiques mentales qui peuvent vous convenir et contribuer au changement.

Vous constatez que je conseille systématiquement de prendre un traitement médicamenteux. Pourtant, certains hommes s'en passent avec succès. Mais, les médicaments encouragent pour commencer. Si vous détestez les médicaments, vous pouvez très bien faire le choix de vous en passer.

Je vous conseille aussi, dans tous les cas, la musculation du périnée. Parce qu'avoir un bon périnée est, je pense, une des conditions préalables au contrôle de l'éjaculation.

4.

LES MOYENS TECHNIQUES

Il existe différents moyens simples, connus ou peu connus, qui sont censés améliorer le contrôle de l'éjaculation. Nous allons les passer en revue avec leurs avantages et leurs inconvénients, de manière à vous permettre de tester ceux qui vous seront peut-être utiles, et d'éviter ceux qui seraient inutiles ou même néfastes.

Certaines techniques visent à diminuer la sensibilité sexuelle masculine. On part du principe que l'homme ressent des sensations trop fortes. Ces sensations voluptueuses exagérées aboutissent alors trop vite à l'éjaculation. Beaucoup d'hommes se plaignent de ce fonctionnement : ils pensent être trop sensibles, trop excitables.

Les médecins, eux, pensent plutôt qu'une bonne excitabilité est un atout si l'on apprend à « faire avec ».

LES MOYENS VISANT À DIMINUER LA SENSIBILITÉ

La circoncision

La circoncision est réputée pour freiner la survenue de l'éjaculation. En effet, chez un homme circoncis, le gland subit des frottements répétés, car il n'est plus protégé par le prépuce.

D'après cette théorie, progressivement, la muqueuse du

gland (c'est-à-dire la peau très sensible qui recouvre le gland) finit par s'épaissir et devenir moins sensible. On pourrait comparer ce phénomène au cal dans la paume des mains : chez un travailleur manuel, la paume des mains est soumise à des frottements répétés, s'épaissit, devient plus solide, et, de ce fait, moins sensible. Les sensations du gland étant plus faibles, la réaction à l'excitation serait diminuée, et l'éjaculation retardée.

C'est pourquoi, certains hommes ont pu se faire circoncire, dans le but de mieux contrôler leur éjaculation.

Le résultat : il est nul ! C'est totalement inefficace. Même les hommes circoncis consultent souvent pour un mauvais contrôle de l'éjaculation. Donc, si vous avez entendu parler de cette méthode, évitez-la, car cela ne changerait rien !

Pourquoi la circoncision ne change-t-elle rien ?

Sans doute parce que la sensibilité du gland ne ressemble certainement pas du tout à la sensibilité de la peau. La sensibilité du gland est variable, elle dépend des moments. La sensibilité au plaisir, celle qui déclenche les sensations de volupté, ne se manifeste qu'au moment où vient le désir, c'est-à-dire, en gros, lorsqu'une érection se déclenche. Et il se trouve que les frottements répétés sur la muqueuse du gland ne changent rien à cette sensibilité particulière.

Utilisation de gel lubrifiant

L'utilisation de gel lubrifiant peut parfois faciliter le contrôle de l'éjaculation.

Loïc, grand, blond, assez bavard et sympathique, se plaint d'une éjaculation rapide. Je l'écoute, et je l'arrête sur une remarque qu'il me fait.

« J'ai l'impression, me dit-il, que, lorsque je fais l'amour, les frottements sont trop importants pendant les mouvements de va-et-vient ; alors, je ressens une trop forte excitation, et j'éjacule. »

Cette phrase me trotte un peu dans la tête, et je lui propose alors tout simplement d'utiliser un gel lubrifiant, de manière à diminuer les frottements. Il en existe plusieurs marques comme le gel « Taïdo », « Sensilube », ou encore le gel « T.A.O. » qui sont tous disponibles en pharmacie.

Le résultat est formidable chez Loïc puisque, dès l'utilisation de gel, il contrôle bien son éjaculation. Les frottements lui semblent nettement diminués lors de la pénétration et des mouvements de va-et-vient.

Que faire ?

Évidemment, si vous ressentez, vous aussi, un frottement trop fortement excitant, vous pouvez essayer d'utiliser un gel.

MAIS, il reste néanmoins une question capitale : POURQUOI les frottements sont-ils trop forts ?

Est-ce que votre partenaire a une mauvaise lubrification, et si oui, pourquoi ?

Est-ce que votre partenaire contracte trop ses muscles périnéaux ?

Ou est-ce simplement que vous avez du mal à supporter une telle sensation de volupté sans éjaculer ?

Ces questions seront abordées plus loin.

Le préservatif et l'anesthésie locale

Je vous en parle en même temps, car le but recherché est le même.

L'usage du préservatif ou d'un anesthésique local va isoler la muqueuse du gland. Les caresses, les attouchements, le contact vaginal, vont être beaucoup moins ressentis et l'excitation moins forte. L'éjaculation est d'autant plus retardée.

C'est une méthode qui est efficace dans certains cas, mais pas tous, hélas !

La méthode

1. Le préservatif

Il n'y a pas grand-chose à expliquer, tant on en parle depuis l'apparition du sida. Il s'agit d'une barrière mécanique qui isole le sexe masculin des contacts. Cela peut être efficace pour amoindrir les sensations voluptueuses. Si vous désirez utiliser un préservatif pour retarder votre éjaculation, je vous conseille d'utiliser un préservatif suffisamment épais. Actuellement, c'est un peu la course au préservatif de plus en plus fin, de manière, évidemment, à conserver le plus de sensations possible pendant la pénétration. Mais ici, c'est le contraire qui est recherché.

Il est cependant totalement déconseillé d'enfiler deux préservatifs l'un sur l'autre, car cela peut provoquer une déchirure.

2. L'anesthésie

Il s'agit d'une anesthésie locale du gland. On utilise un médicament en gel, prescrit uniquement sur ordonnance. Ce produit doit être appliqué au moment du rapport sexuel, sur le gland, et il insensibilise. C'est un peu comparable à ce que vous éprouvez chez le dentiste lorsqu'il vous anesthésie pour soigner une dent. Mais il s'agit d'un gel, et l'application est bien sûr totalement indolore ! Il faut ensuite attendre un peu, le temps que ce gel fasse son effet, environ trois minutes.

Les inconvénients de ces deux méthodes

— Tout d'abord, ces méthodes ne sont pas du tout poétiques, ni romantiques !

Évidemment, cela peut vraiment « casser » l'ambiance de dire : « Chérie, attends une minute », que ce soit pour appliquer le gel anesthésiant ou pour enfiler le préservatif. (C'est d'ailleurs une chose dont on parle beaucoup, car c'est un frein important à la prévention des maladies sexuellement transmissibles.) C'est pour cette raison que ces méthodes sont bien plus faciles à adopter chez les couples stables, où règne une bonne entente, que pour une aventure sans lendemain.

— Ce n'est pas discret : c'est une chose que vous ne pouvez pas garder pour vous. Votre partenaire est obligatoirement au courant : un préservatif se voit forcément, et l'anesthésique aussi (un peu moins quand même). Pour le préservatif, vous n'êtes pas obligé de donner la vraie raison, mais pour le gel, il faut bien dire quelque chose à votre partenaire.

— Le problème est aussi que vous ressentirez moins de sensations agréables ! Le rapport va durer plus longtemps, mais si c'est pour ne presque plus rien ressentir, cela en vaut-il vraiment la peine ?

— Un autre inconvénient encore, c'est que ces méthodes ne sont pas efficaces pour tous les hommes ennuyés par une éjaculation trop rapide. Pour le savoir, il faut le tester. Sans doute n'est-ce réellement efficace que chez les hommes qui ont une hypersensibilité.

Mais, les deux inconvénients les plus fâcheux sont tout autres :

— Ces deux techniques ne changent rien au fond du problème : si vous mettez un préservatif, ou si vous étalez un produit anesthésiant, cela peut apporter une amélioration, mais dès que vous n'avez plus cette aide, ça recommence exactement de la même manière. Donc, vous n'avez pas acquis un meilleur contrôle, vous n'avez pas changé votre mode de fonctionnement, vous avez juste profité d'une amélioration passagère, un peu artificielle. Votre comportement sexuel n'a pas changé en profondeur, on pourrait considérer que vous avez trouvé un palliatif, ni plus, ni moins. Or, si vous cherchez à changer, l'idéal est sûrement pour vous un changement durable, si possible définitif. L'idéal est aussi un changement qui vienne de vous et non d'une aide extérieure dont vous seriez finalement dépendant.

— Ces méthodes visent à atténuer les sensations. C'est efficace, cela ralentit l'éjaculation. Pourtant, pour faire changer durablement la situation, l'idéal est d'apprendre à supporter longtemps des sensations fortes, agréables. C'est le contraire de ce que réalisent ces deux méthodes. Pour contrôler l'éjaculation naturellement, il faut qu'un homme apprenne à apprécier, à laisser monter, à supporter le plaisir, et non à l'éviter.

Les inconvénients propres au gel anesthésiant

Le gel est vendu uniquement sur ordonnance ; il faut donc obligatoirement consulter un médecin lorsqu'on souhaite essayer, ou utiliser régulièrement ce moyen-là. L'intervention d'un tiers est donc nécessaire, ce qui n'est pas forcément agréable.

Il faut attendre un peu que le produit fasse son effet, ce qui peut de toute évidence être parfois gênant.

Il existe parfois des allergies à ce produit, mais c'est rare.

Une fois appliqué sur le gland, et pendant la pénétration, le produit entre en contact avec la muqueuse du vagin, et la femme peut alors se plaindre d'une anesthésie locale intravaginale. C'est quand même ennuyeux car, lorsqu'un homme cherche à allonger la durée de l'acte sexuel, c'est souvent pour procurer plus de plaisir à sa partenaire. Alors, si le résultat est de l'anesthésier, c'est décevant !

Les avantages

C'est très simple à expliquer et à essayer.

Les résultats sont immédiats. Dès que vous mettez le

préservatif, ou le produit anesthésiant, vous constatez tout de suite si c'est efficace pour vous.

Pour un homme qui ne connaît que l'éjaculation prématurée, ce peut être une sorte de révélation de découvrir de nouvelles sensations, de nouvelles réactions de sa partenaire, et une motivation supplémentaire pour parvenir à un bon contrôle de cette éjaculation.

Mais, l'avantage d'un changement immédiat, même s'il est un peu artificiel, ou superficiel, est surtout dans la relation de couple. Lorsque la partenaire n'en peut plus, lorsqu'elle est complètement découragée, ou même parfois agressive, trouver une solution, même provisoire, même incomplète, peut énormément détendre l'atmosphère. Or, un niveau de stress moindre permettra beaucoup plus facilement d'acquérir un contrôle véritable. Ces méthodes permettent donc souvent à un couple en crise d'obtenir une bouffée d'oxygène. Et une femme qui constate que par moments, un rapport dure nettement plus longtemps va souvent accepter d'encourager, ou de participer aux progrès. Comme elle est déjà plus satisfaite sexuellement, même si ce n'est pas encore parfait, elle supporte bien mieux les moments où c'est extrêmement rapide, sans préservatif, ou sans produit anesthésique.

La sonde urinaire

Je vous parle ici de quelque chose que je réprouve à 99,99 %, car c'est dangereux. Mais je préfère l'expliquer, car des patients m'interrogent régulièrement à ce sujet. Il paraît que, pour améliorer le contrôle de l'éjaculation, il faudrait procéder à des sondages urinaires.

En médecine, lorsque l'on procède à un sondage urinaire, il s'agit de faire passer un tuyau STÉRILE, en caoutchouc souple, dans l'urètre ; on le fait en général pour vider la vessie.

Or, les sondages urinaires chez l'homme sont de moins en moins pratiqués, car ils comportent des **risques** :

— Risques d'infections urinaires graves. Lorsque l'on introduit un corps étranger dans l'organisme (ici, une sonde), on risque d'y faire entrer des microbes Ces germes peuvent aller au pire jusqu'à ensemencer en microbes l'appareil rénal et l'appareil génito-urinaire. Dans le pire des cas, cela va jusqu'à détruire les reins.

— Risque de sténose de l'urètre. Lorsque l'on passe une sonde dans l'urètre, cela abîme toujours un peu sa paroi. Cette paroi s'irrite forcément et, en cicatrisant, a toujours tendance à se rétrécir. Ce rétrécissement (ou sténose de l'urètre) est dangereux pour le fonctionnement de l'appareil génito-urinaire.

Donc, aucun professionnel n'accepterait, à cause des risques que cela comporte, de pratiquer des sondages urinaires pour améliorer une éjaculation rapide. D'autant plus que l'efficacité de cette méthode est tout à fait incertaine.

Si jamais l'idée vous effleure de le faire vous-même, oubliez très, très vite cette idée, car vous risquez d'abîmer votre corps, sans pour autant obtenir les résultats que vous souhaitez.

Ceci dit, dans le seul cas que je connaisse où cette méthode de sondage a été pratiquée, le patient m'a dit : « Lorsque la sonde est passée, j'ai très bien senti l'endroit où se situait le contrôle de l'éjaculation. Et j'ai l'impression que cela a un peu désensibilisé cet endroit. Depuis, je sens mieux l'éjaculation s'annoncer. »

Je pense donc que, si vous souffrez d'éjaculation prématurée, et que, POUR UNE TOUT AUTRE RAISON, on pratique un sondage urinaire, alors, profitez-en pour vous concentrer sur ce que vous ressentez à ce moment-là. Peut-être que cela pourra vous aider un peu, mais je ne vous garantis rien.

LES GESTES PRATIQUES

Répétition des rapports

C'est le truc le plus simple, et sans doute le plus connu. Si vous avez un deuxième rapport sexuel immédiatement après le premier, ce deuxième rapport dure plus longtemps, l'éjaculation vient moins vite. Et, si vous recommencez une troisième fois, l'éjaculation est encore plus retardée.

Cette méthode est simple, facile. Il suffit de retrouver son érection suffisamment vite après l'éjaculation, ce qui est en général le cas chez les hommes éjaculateurs prématurés.

Mais, ce truc n'est pourtant pas si satisfaisant. En effet, avec l'âge, une deuxième, voire une troisième érection mettra de plus en plus de temps à survenir. Donc, si vous comptez uniquement sur cette méthode, un jour ou l'autre, vous risquez de ne plus y arriver.

D'autre part, vous ne contrôlez en fait rien dans le cas d'une deuxième ou troisième éjaculation ; cette éjaculation survient bien sûr spontanément de manière plus retardée, car votre corps réagit un peu moins vite à chaque nouveau rapport. Mais ce n'est pas réellement un contrôle volontaire mieux assuré qui fait durer plus longtemps le plaisir. La preuve en est qu'au deuxième ou au troisième rapport, si vous tentez d'éjaculer plus rapidement, vous ne le pouvez pas non plus ; vous ne contrôlez en fait ni la rapidité, ni la lenteur.

Je pense quand même que cette méthode est bonne, mais ne vous en contentez pas, car vous risquez de le regretter un jour : le jour où votre érection reviendra un peu moins facilement. Il vaut donc mieux avoir plusieurs cordes à votre arc.

Voici un exemple vécu :

Dominique, trente ans, travaille dans une maison de disques. Son amie, Mathilde, vingt-trois ans, est mannequin. Elle travaille très peu, et par à-coups.

Ils vivent ensemble depuis trois mois, ou plutôt, ils « revivent » ensemble puisqu'ils se sont séparés une fois avant de reprendre la vie commune depuis trois mois.

« Au début de ces trois mois de retrouvailles », me confie Dominique, « Mathilde voulait vraiment me raccrocher et, sur le plan de la sexualité, elle y a mis du sien. Elle était très demandeuse. Mais, je sais que c'était pour être sûre de me garder plus que par intérêt réel pour l'amour. Bien sûr, elle m'aime, et nous nous entendons bien, mais notre entente sexuelle est de moins en moins bonne. Au début de nos retrouvailles, nous avions facilement trois ou quatre rapports de suite, et de ce fait, ça pouvait durer assez longtemps. Mais, maintenant que son investissement sexuel diminue, elle n'a plus envie de recommencer après le premier rapport. Du coup, c'est très rapide, seulement quelques secondes. Et je n'arrive plus du tout à contrôler. J'ai toujours eu ce problème d'éjaculation rapide, depuis mes tout premiers rapports. Mais, c'est seulement la première fois qui est rapide. J'ai donc toujours eu l'habitude d'avoir plusieurs rapports de suite, et de cette manière, tout se passe bien. Mes partenaires ne s'en sont d'ailleurs jamais plaintes. »

En fait, Dominique a toujours eu un réflexe d'éjaculation survenant prématurément. Mais il s'en sortait tout de même en répétant les rapports. Comme sa partenaire ne veut plus qu'un seul rapport, cela pose maintenant un problème.

Dominique n'a jamais contrôlé son éjaculation. Il a seulement trouvé comment s'en accommoder. Il va falloir qu'il parvienne à acquérir un contrôle, sinon, toute sa vie, il gardera ce réflexe rapide, et il pourra de moins en moins répéter les rapports. En un sens, c'est presque une bonne chose que la réaction de sa partenaire l'amène à consulter assez jeune. Plus un homme est jeune, et plus il lui est facile d'acquérir ce contrôle. Je pourrais aussi ajouter que moins un homme a eu de rapports sexuels, moins ce réflexe d'éjaculation prématurée est ancré solidement en lui, et ce n'est donc pas seulement une question d'âge.

J'ai prescrit à Dominique un traitement qui a immédiatement allongé la durée de ses rapports, dès la première fois. Puis, des exercices à suivre avec assiduité ont déjà permis une amélioration, pour l'instant insuffisante.

Positions

Cela semblera évident à beaucoup d'hommes ! Certaines positions augmentent la rapidité de l'éjaculation. La position du missionnaire dans laquelle l'homme est sur la femme est en général la plus stimulante pour l'éjaculation.

Au contraire, la position dans laquelle la femme est au-dessus permet une durée bien plus longue du rapport.

Mais, chaque homme fonctionne différemment, et peut se rendre compte quelles sont, pour lui, les positions plutôt trop stimulantes et celles où l'excitation monte plus doucement.

C'est pourquoi, il est bon d'observer dans quelle position le contrôle est le plus facile. Il peut alors connaître les réactions de son propre corps, et décider de la position la mieux adaptée.

Cette remarque n'est sans doute utile qu'aux hommes très jeunes ayant eu peu de rapports. Car tout le monde s'en rend compte très vite, en général. Ainsi, certains hommes choisissent de faire l'amour uniquement dans une position particulière : ils savent que le rapport durera plus longtemps.

Masturbation stratégique

Vous savez que vous aurez un rapport à tel moment, c'est un peu « programmé » à l'avance. Alors, il suffit, avant ce rapport, d'avoir recours à une masturbation avec éjaculation stratégique. Cette masturbation doit se faire peu de temps avant le rapport que vous souhaitez plus long.

Ce n'est pas très romantique ! C'est plutôt calculateur, mais il est parfois utile de connaître cette technique. Je vous préviens toutefois que le résultat n'est absolument pas garanti. Le rapport avec une partenaire peut quand même être trop bref. C'est à vous de tester et de voir si cela paraît concluant pour vous.

Cette technique est surtout intéressante en cas de rapport sexuel programmé : si vous ne vivez pas en couple, et que vous vous retrouvez seulement le week-end ; ou bien, si vous avez des habitudes de couple : vous savez que tel soir, vous êtes tranquilles car vos enfants ne sont pas là ; ou bien, vous savez que tel soir, vous sortez ensemble, et que c'est pour vous un prélude naturel à l'amour… C'est alors l'occasion de tester ce truc.

Quand il donne de bons résultats, il permet de ne plus appréhender un rapport, de ne plus ressentir cette angoisse anticipant l'échec. Alors, le rapport se passe mieux, de toutes manières.

Squeeze

Il s'agit d'une méthode manuelle. On peut l'utiliser en tant que « petit truc », ou l'utiliser dans le cadre d'une sexothérapie de couple.

C'est un geste pratique à réaliser pour bloquer l'éjaculation lorsqu'elle se rapproche.

Voici comment on procède.

Quand l'éjaculation s'annonce : se retirer, et serrer le pénis entre le pouce et l'index associé au médium, à la racine du gland. Il faut serrer assez fort pour que ça bloque vraiment l'éjaculation. C'est à la limite de la douleur. Il ne faut quand même pas que ça fasse mal. L'érection a tendance à diminuer un peu. C'est normal.

Refaire une pénétration et recommencer le squeeze lorsque l'éjaculation s'annonce de nouveau.

La partenaire doit être, bien sûr, prévenue.

L'intérêt : cela oblige à se concentrer sur la sensation prémonitoire d'éjaculation, qui se situe avant la sensation de point de non-retour. Et la confusion entre ces deux sensations peut être la cause de l'éjaculation précoce.

L'inconvénient : c'est qu'il faut se retirer. Cela n'est pas très long, mais, à ce moment précis, ce peut être trop long. Entre le moment où l'éjaculation s'annonce, le retrait et le squeeze, se passent quelques secondes.

Mais, avec un peu de pratique, on repère plus tôt l'arrivée de l'éjaculation.

Il est bon de s'entraîner à cette technique seul par des exercices de masturbation avant de la pratiquer en couple.

Squeeze à la base du pénis

Il s'agit exactement de la même technique, mais, au lieu de serrer à la base du gland, on serre à la base du pénis, près du ventre. Toujours serrer assez fort, proche de la sensation de douleur.

C'est plus pratique, car on peut le faire sans se retirer. Mais, un grand nombre de patients me disent : « C'est peut-être bien votre principe, mais moi, je ne peux pas le faire. Je trouve que ce n'est vraiment pas pratique. C'est une sorte de gymnastique bien compliquée. »

D'autres hommes signalent : « Moi, je peux le faire, mais ça ralentit un petit peu seulement le moment où j'éjacule. Alors, je me demande si cela vaut la peine de se donner du mal pour un résultat si minime. »

Une chose est sûre, c'est que le comportement du corps change rarement du tout au tout en un ou deux essais. Mais, avec de l'assiduité, cela s'améliore toujours.

S'entraîner en masturbation permet, là aussi, de voir si cette technique est utile.

Point

On raconte qu'aux USA, un professeur d'université en urologie expliquait tous les ans ce truc à ses étudiants en médecine. Et, par la suite, beaucoup d'étudiants venaient le remercier : « Grâce à vous, j'ai nettement augmenté la durée de mes rapports. »

C'est donc un truc universellement connu.

Il s'agit, pendant le rapport, de repérer la survenue de la sensation prémonitoire d'éjaculation. Lorsque vous sentez donc l'éjaculation s'annoncer, il faut alors APPUYER sur un point situé entre l'arrière des testicules et l'anus. Ce point est situé à un endroit où la verge est à l'intérieur du corps.

En effet, en situation d'érection, le sexe est extérieur au corps, mais vous pouvez aussi le sentir se prolonger à l'intérieur, presque jusqu'à l'anus.

Vous devez donc appuyer à ce niveau, à peu près au milieu. Il faut appuyer suffisamment fort pour bloquer l'éjaculation, et suffisamment doucement tout de même pour ne pas se faire mal. En effet, si vous provoquez une douleur, il peut se produire une baisse de l'érection. Toute douleur, dans n'importe quel endroit du corps, peut entraîner une baisse de l'érection. C'est tout à fait normal que la douleur soit antisexuelle ; c'est le contraire du plaisir !

Évidemment, si vous souhaitez utiliser ce « truc », il vous est conseillé de le tester tout seul la première fois. De cette manière, il est plus facile de bien percevoir votre sensation prémonitoire d'éjaculation, de découvrir le bon endroit où appuyer, ainsi que la force d'appui à exercer.

Certains hommes trouvent cette méthode géniale, d'autres me disent : « Mais, c'est carrément acrobatique votre truc », ou encore : « Mais, il faut avoir une main libre, et je ne vois pas du tout comment faire ! »

Là, je ne peux plus tellement vous aider, c'est à vous de voir si vous pouvez tirer parti de cette méthode.

Une autre critique parfois entendue : « Cela marche bien, cela stoppe une éjaculation qui s'annonçait, mais, dès que je reprends les mouvements de va-et-vient, l'excitation atteint immédiatement une forte intensité, et, finalement, je ne retarde presque pas l'éjaculation. » Dans ce cas, cela signifie simplement que ce truc est bon pour vous, mais qu'il ne suffira pas à vous « guérir » de cette éjaculation prématurée. Il faut utiliser d'autres méthodes ou exercices en plus.

Anneau pénien

C'est une méthode très artificielle, mais qui peut rendre bien des services.

Elle est très peu utilisée, et pourtant parfois intéressante.

C'est un de mes patients, Pierre, qui m'a fait reprendre conscience de son utilité.

Pierre vient juste de commencer à travailler. Auparavant, il étudiait aux États-Unis. Là-bas, il avait une amie. Dès le début de leur relation, son amie lui dit : « Toi, tu as un problème (l'éjaculation trop rapide). Attends, j'ai quelque chose pour toi. »

C'était un anneau pénien. On l'appelle aussi *cock ring*. Et, me dit Pierre : « C'était génial pour moi. Avec ça, je pouvais faire l'amour vraiment longtemps sans éjaculer. Quand je suis rentré en France définitivement, ma copine restait là-bas. J'ai jeté cet anneau en me disant que je n'en avais plus besoin. Mais, maintenant, j'ai une copine ici à Paris, et je me mords les doigts d'avoir jeté ce truc-là ! »

Alors, comment ça marche ?

Il s'agit d'un anneau en caoutchouc élastique. On le met en place lorsque l'érection est présente. Il se place à la base du pénis, près du corps. Il serre un peu. Et c'est cette compression qui permet de bloquer l'éjaculation, ou de la retarder fortement.

Cet anneau a deux anses pour pouvoir s'enlever facilement. Les anses doivent se positionner en haut et en bas.

L'anneau ne doit pas rester en place plus de trente minutes, car il pourrait faire un peu garrot.

Il ne faut pas s'endormir avec l'anneau en place.

Pour éjaculer, il peut être nécessaire de tirer sur l'anse du bas, vers le bas. Sinon, éjaculer peut se révéler difficile.

Après l'éjaculation, l'érection se maintient. Car l'anneau empêche la détumescence.

Avec l'anneau se vend une bague de transfert qui facilite son étirement et sa mise en place.

Il existe plusieurs tailles d'anneaux péniens, et donc, le fabricant fournit une réglette pour savoir quelle taille vous devez commander. La largeur du pénis doit être mesurée au repos, à l'état flaccide, et à la racine, près du corps.

(La taille du sexe en érection ne dépend pas de sa taille au repos.)

Quand on passe une commande, le fabricant envoie toujours plusieurs tailles d'anneaux. Une seule servira. Celle qui vous convient. Si cela serre trop, ou fait un peu mal, c'est qu'il faut utiliser la taille au-dessus. Si cela n'est pas efficace, c'est en général qu'il faut utiliser la taille en dessous.

Cet anneau peut servir des milliers de fois, puisqu'il suffit de le laver à l'eau et au savon. C'est donc un investissement pour le long terme !

Le préservatif doit être mis en place après l'anneau.

Les avantages

C'est simple, et ça marche tout de suite. Il n'y a pas besoin de médicaments, d'exercices, d'apprentissage… (mais il vaut mieux quand même s'entraîner à l'utiliser seul au moins une fois avant de s'en servir au cours d'un rapport).

Quand c'est bien efficace, cela peut énormément contribuer à la reprise de confiance, et à dissiper l'angoisse de performance.

Les inconvénients

Ce n'est pas tellement discret. Votre partenaire le voit forcément. Avec un préservatif, c'est un peu la galère, car il faut mettre deux choses l'une après l'autre ! (Un de mes patients m'a même demandé : « Mais, pourquoi ne fabriquent-ils pas de préservatifs avec anneau pénien incorporé ? »)

C'est un ustensile, et il faut l'avoir sur soi au bon moment.

Lors de l'utilisation, certains hommes se plaignent de sentir leur sexe devenir plus froid. En effet, la circulation sanguine est ralentie.

Cette méthode ne rééduque rien, ne change rien au comportement physique ou mental.

Comment se le procurer ?

Les anneaux péniens se vendent par correspondance.

Laboratoire Owen Mumford. 16-18, route de Rouen, 27950 Saint-Marcel. Tél. : 02 32 21 68 14.

Le prix du kit de sept anneaux avec bague de transfert : 495 francs TTC, port inclus.

On peut aussi en acheter dans les sex-shops.

L'un de mes patients utilise des joints de plomberie pour le même résultat, et c'est bien moins cher.

Il faut, dans ce cas, utiliser des joints toriques, c'est-à-dire des joints qui sont de section ronde. Ainsi, ils sont faciles à mettre en place ou à enlever, l'anneau roulant alors sur lui-même. Ces joints ne coûtent que quelques francs, et il faut en acheter plusieurs de tailles différentes pour trouver le bon. Là, évidemment, vous ne pouvez pas demander de conseils au vendeur !

La respiration

C'est un truc vieux comme le monde ! Mais, s'il est toujours pratiqué, c'est bien qu'il est intéressant.

Il s'agit, lorsque vous éprouvez la sensation imminente de l'éjaculation, de respirer profondément.

La technique, efficace, n'est pas tout à fait la même pour tous les hommes.

Certains trouvent qu'une inspiration profonde est ce qui réussit le mieux.

D'autres signalent qu'ils prennent plutôt une inspiration superficielle suivie d'une expiration forcée très profonde. D'autres encore prennent plusieurs respirations calmes mais superficielles.

Un de mes patients m'a aussi expliqué qu'en ce qui le concerne, il fallait respirer profondément avant la sensation prémonitoire de l'éjaculation, et bloquer complètement sa respiration à ce moment.

Cette respiration est rarement suffisante à elle seule pour donner un très bon contrôle de l'éjaculation. Mais presque tous les hommes signalent qu'elle aide énormément.

Roger. Je lui parle de cette respiration. Il me répond : « Je suis sûr que ça va beaucoup m'aider. Car, pendant que vous m'expliquez tout ça, je me rends compte que, lors de mes rapports, je ne respire presque pas. D'ailleurs, je crois que j'étouffe à moitié ! Mais je n'y avais jamais pensé avant que vous me parliez de l'importance de respirer. »

Tous les hommes n'ont pas conscience aussi vite des changements que peuvent provoquer des respirations différentes.

Il faut essayer, et voir !

Ouvrir les yeux

Cela peut paraître un détail, mais, d'après le Dr Barbara Keesling, ce serait un point important dans le contrôle de l'éjaculation.

On part du principe que la plupart des hommes ferment les yeux lorsqu'ils sentent approcher l'éjaculation.

Se forcer à ouvrir les yeux fait sans doute diminuer la concentration, dévier de son intériorité vers le monde extérieur, et baisser le niveau d'excitation.

Alors, certains hommes réussissent à bloquer ou à retarder l'éjaculation par ce simple geste.

D'après mon expérience, cela ne suffit pas.

Mais, si vous sentez qu'une autre méthode vous aide sans vous permettre de parvenir encore au contrôle souhaité, alors, vous pouvez y ajouter ce truc.

C'est très simple, et votre partenaire ne s'en apercevra même pas. Alors, pourquoi ne pas le tester ?

Aller le plus vite possible

Il s'agit d'une technique stratégique. Lorsque vous mettez tout en œuvre pour ralentir votre éjaculation, ça ne sert à rien, vous éjaculez trop vite ; alors, vous allez faire l'amour avec le projet d'éjaculer le plus vite possible. En quelques secondes, ou même moins.

Et vous verrez, votre rapport durera peut-être bien plus longtemps que d'habitude. Car il existe une possibilité que vous ayez une « inversion de commande ». Vous souhaitez que l'éjaculation soit tardive, et elle est précoce. Si vous souhaitez une éjaculation précoce, elle sera tardive.

Cela paraît un peu bizarre au premier abord, mais c'est parfois extrêmement efficace.

Olivier, vingt-sept ans, me le dit : « Je sais que c'est efficace ! Je l'ai déjà constaté ! »

Je suis très étonnée, car, d'habitude, aucun de mes patients n'a eu l'idée de tester cette méthode paradoxale.

Olivier m'explique : « Mon amie et moi souhaitons un enfant. Or, ça ne marche pas pour l'instant. Alors, Céline suit un traitement inducteur d'ovulation. Nous devons donc faire l'amour certains jours précis, qui sont les jours propices à la fécondation. Céline a très mal au ventre ces jours-là. Résultat, quand nous faisons l'amour à ce moment, elle me dit : dépêche-toi, fais vite, ça me fait mal. Alors, j'essaye d'éjaculer le plus vite possible. Et ça dure une demi-heure, et parfois, je n'y arrive même pas ! C'est un comble, alors que je viens vous consulter pour une éjaculation précoce ! Je sais donc que cette méthode est efficace. Mais, je n'aurais jamais eu l'idée de la tester volontairement. »

Cette manière de procéder vous met dans un état mental complètement différent de celui qui vous est habituel. Et ce changement peut être très bénéfique. Alors, vous pouvez le tester !

En essayant volontairement d'éjaculer très, très vite, vous pouvez aussi fort bien réussir à le faire : être encore plus rapide que d'habitude.

Dans ce cas aussi, c'est un progrès ! Car, si vous êtes éjaculateur prématuré, vous n'avez pas de contrôle sur votre éjaculation. Elle survient quand elle le veut, et jamais sur commande.

Or, vous essayez désespérément de trouver la commande pour retarder cette éjaculation. Et, si vous pouvez accélérer l'éjaculation, c'est le signe que vous réussissez enfin à contacter cette commande, même si ce n'est pas encore dans le sens que vous souhaitez.

À partir de là, vous avez déjà avancé.

Vous pouvez alors vous entraîner au contrôle, toujours dans la rapidité. Par exemple, si d'ordinaire vous éjaculez en trois minutes, entraînez-vous à le faire en une minute, en deux minutes, en trente secondes. Et, lorsque ce sera acquis, faites-le en trois minutes trente secondes. Vous verrez, ce sera un jeu d'enfant que d'allonger la durée.

Ensuite, c'est à vous d'adapter ces « entraînements » en fonction des résultats…

5.

LES MÉDICAMENTS

Hé oui, il existe plusieurs traitements médicamenteux visant à ralentir l'éjaculation.

Beaucoup de patients réagissent en disant : « Si j'avais su qu'un médicament pouvait m'aider, il y a longtemps que j'aurais consulté. Mais je ne pensais même pas que cela pouvait exister ! »

Les traitements utilisés sont prescrits exclusivement sur ordonnance. Il est donc conseillé pour cela de consulter un médecin sexologue, andrologue ou urologue.

Les médicaments bien utilisés ont peu d'effets secondaires indésirables.

Il faut parfois tâtonner un peu avant de trouver le traitement le meilleur pour vous, à la dose adaptée.

Ces traitements sont efficaces chez la plupart des hommes, mais pas chez tout le monde. Il existe quelques réfractaires au traitement.

Lorsque l'on décide de prendre un traitement, il faut le prendre tous les jours, et pas seulement quelques heures avant un rapport sexuel. C'est pourquoi, il est plus logique de prendre ce type de traitement lorsque l'on a des rapports réguliers.

Dans un premier temps, il s'agit de trouver la dose efficace pour permettre d'avoir un rapport de pénétration d'une durée d'au moins trois ou quatre minutes. Lorsque cet objectif est atteint, on diminue progressivement la dose de médicaments.

Je considère qu'il faut s'astreindre à trois mois de traitement minimum, de manière à laisser au corps le temps de déconditionner le réflexe éjaculatoire trop rapide. C'est-à-dire qu'il faut laisser au corps le temps de s'entraîner à fonctionner différemment.

L'idéal est, à mon avis, d'associer le traitement médicamenteux, qui permet une amélioration rapide et encourageante, à des exercices qui vont permettre de fixer les résultats de manière plus stable, et plus en profondeur.

Les résultats

Ils sont très variables.

- Parfois, le traitement est trop fort. L'homme a du mal à éjaculer, voire même ne peut plus éjaculer. Il suffit alors de diminuer la dose de médicaments.
- Parfois, assez souvent, la durée des rapports est augmentée sans être encore idéale.
- Parfois, il n'y a aucun résultat (c'est assez rare), il faut alors changer de traitement.
- Parfois, c'est parfait, la relation sexuelle est très satisfaisante.

En tant que médecin, je recherche chez mes patients une simple amélioration, et non la perfection.

En effet, si le résultat est « trop bon », je constate par expérience que l'homme, ou le couple en question, a trop tendance à se reposer à 100 % sur le traitement médicamenteux. Alors, ce couple ne fait plus l'effort de poursuivre les exercices prescrits.

Et ensuite, à l'arrêt du traitement, le fonctionnement sexuel redevient celui d'un éjaculateur prématuré. Le traitement n'aura donné qu'un répit, une suspension de symptôme, et pas du tout une guérison. Cela n'est bien sûr pas grave, mais l'on se retrouve alors au point de départ.

Si l'éjaculation prématurée pose de graves problèmes de couple, je choisis tout de même un traitement qui entraîne un très bon contrôle. Cela permet alors au couple d'oublier ce phénomène d'éjaculation prématurée, et de voir comment il fonctionne sans ce problème sexuel.

Parfois, l'éjaculation prématurée est à l'origine des tensions dans le couple.

C'est le cas de Fabrice qui est marié depuis dix ans avec Élodie. Ils ont deux enfants. Élodie a avoué à Fabrice qu'elle avait un amant, et uniquement, d'après elle, à cause de cette éjaculation prématurée qu'elle ne supportait plus. C'est d'ailleurs pour cela que Fabrice consulte enfin, car apprendre que sa femme le trompe l'a anéanti. Il est vraiment déprimé. Alors, avec un traitement bien adapté, tout change. Les rapports sont satisfaisants pour sa femme, et je vois Fabrice arriver tout souriant en consultation. Je lui propose, au bout d'un mois, de diminuer la dose de médicaments, pour apprendre à son corps à contrôler l'éjaculation sans aide extérieure. Fabrice refuse ; il me dit : « Je préfère prendre ce traitement toute ma vie s'il le faut, mais je ne veux absolument pas connaître de nouveau une période comme il y a quelques mois, quand ma femme me trompait. »

J'accepte donc de lui prescrire pour deux mois le même traitement. Mais je lui précise que je suis sûre qu'il sera lui-même d'accord pour diminuer le traitement dans quelques mois. En effet, ce traitement n'a pas spécialement d'inconvénients à long terme. Il n'existe pas d'accoutumance, et pas d'effets secondaires gênants si on le prend longtemps. Mais ce serait quand même dommage de prendre des médicaments à vie pour quelque chose de bénin, puisque ce n'est même pas une maladie. Dans le cas de Fabrice, je considère que retrouver une vie amoureuse heureuse vaut bien quelques mois de traitement. Cela vaut certainement mieux que d'aboutir à un divorce, ou à une dépression.

Parfois, l'éjaculation prématurée n'était que la cause « écran » des problèmes de couple. C'est-à-dire une fausse raison, mise en avant pour cacher d'autres problèmes d'entente.

C'est le cas de Marc. Il est brun, aux cheveux bouclés, pas très grand, et il m'explique : « Ma femme, Virginie, n'en peut plus. Elle n'a jamais de plaisir avec moi, elle est toujours de mauvaise humeur à cause de cela. »

Je lui prescris alors un traitement médicamenteux. Je le revois plus tard en consultation, et lui demande : « Comment allez-vous ? » « Mal », me répond-il. Alors, je lui pose bêtement la question : « Combien de temps durent maintenant vos rapports, avec le traitement ? » Il me regarde, l'air très étonné, et répond : « Ah non, ça, ça va bien, les rapports durent le temps que je veux, mais le problème, c'est que ma femme n'est toujours pas contente ! »

Dans ce cas, c'était Virginie qui attribuait à l'éjaculation prématurée de Marc le dysfonctionnement de leur couple. Mais ce n'est pas forcément le cas.

L'éjaculation prématurée peut entraîner des heurts dans un couple.

Un traitement bien adapté peut alors restaurer un fonctionnement sexuel satisfaisant, et, par là même, permettre au couple de retrouver une harmonie perdue.

Mais, même lorsqu'un traitement améliore considérablement le fonctionnement sexuel du couple, la dysharmonie peut très bien persister :

- soit l'éjaculation prématurée date depuis trop longtemps, et la femme a parfois accumulé tellement de griefs contre son partenaire qu'une amélioration des rapports sexuels ne suffit pas à éliminer son agressivité. Même sans réelle agressivité, il peut subsister une distance affective entre elle et son partenaire, et ce n'est pas toujours facile à combler ;

• soit l'éjaculation prématurée est le grief mis en avant par la femme pour cacher autre chose. Elle pense à peu près ceci : « Si les rapports duraient plus longtemps, j'aurais du plaisir, et tout irait bien entre nous. Mais, comme je ne peux jamais éprouver de plaisir avec toi, comment veux-tu que je sois heureuse ? » Alors, le conjoint s'étonne que sa femme ne soit pas enfin heureuse puisque ce problème est réglé. Lui ne demande que cela : être heureux avec elle !

En général, la femme croit réellement ce qu'elle dit ; elle pense que tout irait bien sans ce problème sexuel. Mais il existe d'autres enjeux dans le couple. Ce peut être par exemple une lutte de pouvoir, c'est fréquent. Un homme me dit : « Je ne pouvais rien refuser à ma femme parce que la pauvre, je ne lui donnais déjà aucun plaisir, alors... » Si son partenaire devient sexuellement performant, cette femme aura beaucoup à perdre. Il ne sera plus aux petits soins, n'ayant plus rien à se faire pardonner. Cela peut expliquer ce manque d'enthousiasme féminin à aider son partenaire.

Le problème d'éjaculation prématurée peut donc cacher toutes sortes de choses. Dans ce cas, résoudre le problème d'éjaculation prématurée ne résoudra pas tout, évidemment. C'est pourquoi, il est utile pour moi de savoir quels changements souhaite le patient en venant consulter. Est-ce contrôler son éjaculation, ou tout autre chose comme rendre sa femme heureuse, par exemple ? Car ce n'est pas du tout pareil !

Précisions sur quelques autres traitements médicamenteux

Le **stress** participe souvent à l'éjaculation rapide, car il enclenche la fabrication d'adrénaline et de noradrénaline. Ces substances accélèrent l'éjaculation. On a ainsi pu penser qu'un traitement médicamenteux qui ferait diminuer l'anxiété agirait sur l'éjaculation en la ralentissant.

Or, il n'en est rien. Tous les anxiolytiques ont été essayés pour lutter contre l'éjaculation précoce. Ils ne donnent jamais aucun résultat.

En plus, ces médicaments ont beaucoup d'inconvénients : accoutumance, troubles de la mémoire...

Alors, évitez ces médicaments, ils ne vous apporteraient que des ennuis !

Mes patients me demandent souvent ce que je pense du « **Viagra** » pour traiter l'éjaculation précoce. Le « Viagra » n'a aucun effet. Il améliore l'érection, mais l'éjaculation vient comme d'habitude et la détumescence aussi. Ainsi, sous « Viagra », l'érection ne se maintient pas après l'éjaculation.

Les **injections intracaverneuses** ont été elles aussi proposées. Il s'agit d'une piqûre dans le sexe (dans un corps caverneux). On y injecte une substance qui provoque l'érection. Cette érection dure même après l'éjaculation. Le rapport sexuel peut donc se poursuivre. Mais, après l'éjaculation, le contact sexuel devient désagréable.

Cette méthode est donc plutôt agressive et ne change rien à la survenue de l'éjaculation. C'est pourquoi elle est, à mon avis, inadaptée.

Je ne connais pas de traitements en « **médecines non allopathiques** » qui donneraient des résultats sur l'éjaculation prématurée : que ce soit en homéopathie, phytothérapie, acupuncture, ostéopathie... Mais si vous en avez testé avec succès, je serai contente d'en prendre connaissance.

6.

LES EXERCICES

Musculation du périnée

Jean-Pierre a trente-trois ans. Il travaille comme salarié dans une Maison de la culture, où il est animateur.

Il est de taille moyenne, d'allure très décontractée, parle avec une voix calme et plutôt douce. Il me dit être assez sportif, adorer les romans de science-fiction et les voyages lointains.

Il vient consulter, parce qu'il est très gêné dans sa vie de couple par une éjaculation prématurée. Il est marié depuis trois ans avec Carole, vingt-huit ans, mais cela fait maintenant cinq ans qu'ils vivent ensemble.

Au début, apparemment, cette éjaculation trop rapide n'a pas eu du tout de répercussions sur leur vie de couple. En réalité, Jean-Pierre sait maintenant que cela a embêté Carole dès le début de leur relation, mais elle n'osait pas lui en parler, de peur qu'il ne le prenne mal, ou que ça ne lui fasse de la peine. Jean-Pierre était aussi contrarié, mais voyant que Carole n'y prêtait pas attention, il n'osait pas non plus lui en parler…

Avant de connaître Carole, il avait eu trois liaisons qui avaient duré quelques mois, au cours desquelles il ne parvenait pas non plus à contrôler son éjaculation.

Donc, Jean-Pierre vient consulter après cinq ans de vie de couple et environ un an et demi de dialogue avec Carole sur ce sujet. En effet, ils ont tout de même fini par en parler, et ont décidé ensemble qu'il était temps de faire quelque chose.

Carole est contente de le voir se décider à réagir, et, même au bout de cinq ans, elle prend le problème avec philosophie. Elle est confiante, et pense que cela peut s'arranger.

Dès le commencement de sa vie sexuelle et, depuis, à chaque rapport, systématiquement, Jean-Pierre éjacule trop tôt. L'éjaculation survient dès la pénétration, ou un peu plus tard, mais la durée de cette pénétration ne dépasse jamais trente secondes.

Après quelques questions plus détaillées, Jean-Pierre me signale avoir souffert d'énurésie (pipi au lit) assez tard, jusqu'à sept ans à peu près, ce qui l'a beaucoup gêné pendant son enfance. À cause de cette énurésie, il n'allait jamais dormir chez un copain, ni passer des vacances ou des week-ends chez ses cousins.

Actuellement, il en a gardé une sorte de faiblesse sur le plan urinaire, c'est-à-dire que, lorsqu'il a envie d'uriner, il sent qu'il doit aller vite aux toilettes, sinon il a l'impression qu'il aurait du mal à se retenir.

Pour Jean-Pierre, l'éjaculation rapide est certainement due, en partie, à une faiblesse des muscles du périnée. Le périnée, c'est un ensemble de muscles que vous pouvez contracter pour vous retenir d'uriner, de déféquer, ou bien même d'éjaculer. En fait, il s'agit d'un groupe musculaire normalement très puissant.

C'est assez rare de rencontrer quelqu'un comme Jean-Pierre qui semble avoir comme une faiblesse constitutionnelle de ces muscles du périnée. Habituellement, à l'âge adulte, il est rare qu'un homme ressente encore une gêne urinaire, une sorte d'obligation de se presser.

Néanmoins, même lorsqu'elle ne se manifeste pas par un manque de contrôle urinaire, cette insuffisance des muscles du périnée peut exister, de manière quasi insoupçonnée. Elle se révèle parfois seulement par une éjaculation prématurée.

C'est pourquoi, il est conseillé à tous les hommes qui souffrent d'une éjaculation prématurée, sans exception, de faire des exercices qui visent à renforcer la musculature périnéale.

Et cela même s'il n'y a aucun signe d'insuffisance du périnée autre que l'éjaculation prématurée.

De plus, on sait actuellement que, plus les muscles du périnée sont puissants, meilleur est le contrôle de l'éjaculation. Cela signifie donc qu'un homme qui contrôle bien son éjaculation, et qui souhaite la contrôler encore mieux, aura toujours une amélioration en musclant davantage son périnée, même si ce périnée fonctionnait plutôt correctement au départ.

Donc, si votre périnée est faible, vous améliorerez à coup sûr votre contrôle avec des exercices.

Si votre périnée est normal, vous améliorerez aussi votre contrôle.

Si votre périnée est très bon, vous gagnerez encore en contrôle.

C'est dire que, dans tous les cas, vous êtes gagnant.

Dernièrement, une étude scientifique sur l'éjaculation prématurée constatait 75 % de « guérisons » avec, simplement, la pratique de cette musculation.

En fait, je pense, d'après ma pratique, que les résultats sont un peu moins bons que cela, et je constaterais plutôt 75 % d'améliorations, ce qui est déjà bien.

Ce qui est peut-être le plus important à comprendre, c'est qu'un bon périnée est sans doute le minimum physique nécessaire à un bon contrôle de l'éjaculation. L'éjaculation peut être perturbée par bien autre chose qu'un mauvais périnée, mais si le périnée est trop faible, aucune amélioration n'est possible.

Que faire pour muscler votre périnée ?

Il s'agit d'un exercice de musculation.

• **Contractez les muscles de votre périnée.**

Il s'agit de contracter les muscles qui vous permettent de vous retenir d'uriner.

À ce moment-là, certains hommes peuvent aussi sentir les muscles de l'anus, un peu comme un élastique qui se serrerait, en remontant un peu vers l'intérieur. Mais, la force de la contraction doit plutôt se diriger vers l'avant, vers ces muscles qui bloquent le geste d'uriner.

— Contractez les muscles du périnée le plus fort possible, et cela pendant cinq secondes.

Vous devez sentir vos muscles se serrer de plus en plus fort au cours des cinq secondes.

— Contractez donc les muscles de votre périnée le plus fort possible pendant cinq secondes, et répétez cet exercice soixante à cent fois par jour.

Soixante ou cent fois par jour, cela peut sembler beaucoup, mais c'est plutôt un minimum pour observer un résultat intéressant. Vous pouvez en faire un plus grand nombre si vous le souhaitez, et ce sera d'autant plus efficace.

— Il vous faut faire cet exercice par séries de dix à quinze contractions. En effet, les muscles du périnée sont très puissants, et ils se fatiguent vite. Donc, si vous voulez pratiquer cet exercice en une seule fois dans la journée, vous observerez qu'au fil des contractions, vous serrerez de moins en moins fort, et ce sera alors moins profitable.

— Si vous avez l'impression que cet exercice est une

contrainte terrible, détrompez-vous, car, au contraire, il est très facile à exécuter.
En effet, vous pouvez le faire n'importe où, et personne ne s'en apercevra autour de vous. Il ne nécessite pas du tout de salle de gymnastique ! Ainsi, vous pouvez faire travailler votre périnée en attendant un rendez-vous, dans les transports en commun, en conduisant votre voiture, en étant assis à votre bureau, en écoutant de la musique…

• Pour être absolument certain que vous effectuez bien l'exercice, c'est-à-dire que vous contractez le bon groupe musculaire, je vous conseille de faire **trois vérifications** :

— 1. Pendant une miction, c'est-à-dire pendant que vous urinez, contractez votre périnée. Vous devez réussir à stopper le jet d'urine. Il faut faire cette vérification au moment où la vessie est à moitié vide, car si vous avez une envie très impérieuse, et la vessie très pleine, il vous est naturellement difficile de vous retenir. Si, au contraire, votre vessie est complètement vide, vous ne pouvez pas savoir si c'est votre contraction musculaire ou la vacuité de votre vessie qui stoppe le jet d'urine ; donc, vous ne pouvez rien vérifier.
— 2. Placez doucement un doigt juste sous les testicules. Lorsque vous contractez le périnée, vous devez sentir les muscles se contracter.
— 3. Profitez d'un moment où vous avez une érection pour faire une contraction du périnée : à ce moment-là, votre sexe doit se soulever légèrement.

Ces trois vérifications ne sont pas à faire tous les jours ! Il s'agit seulement de vous assurer, avant de commencer des séries de contractions, que vous faites bien travailler les muscles du périnée, et non pas vos abdominaux, ou vos muscles fessiers, par exemple, ce qui vous ferait certainement du bien, mais n'aurait absolument aucun retentissement sur le contrôle de votre éjaculation ! Vous devez faire cet exercice musculaire soixante à cent fois par jour au moins pendant trois semaines : ce n'est en effet qu'à partir de cette durée que vous pourrez commencer à ressentir un changement intéressant sur le plan sexuel. À ce stade-là, continuez encore, aussi longtemps que vous constatez une amélioration. Cela peut durer plusieurs mois.

Puis, lorsque vous êtes content du résultat, ou encore lorsque les résultats stagnent, je vous encourage à continuer encore la pratique de cet exercice, mais seulement trente fois par jour, et trois fois par semaine. C'est, semble-t-il, le minimum d'entretien nécessaire pour garder une tonicité suffisante à vos muscles.

Évidemment, pour être honnête, en réalité, personne ne continue vraiment à pratiquer cette musculation du périnée tous les jours de la vie, car, bien sûr, il y a des moments où vous aurez d'autres soucis en tête. Mais vous pouvez toujours, après une interruption plus ou moins longue, reprendre cet exercice dès que vous constatez un contrôle éjaculatoire de moins bonne qualité. À ce moment-là, n'hésitez pas, recommencez vos exercices.

• Notez bien que, lors de cette musculation « sexuelle », vous devez contracter le périnée, et **seulement** le périnée.

Je me souviens d'un patient prénommé Georges qui revient me voir et me dit : « Je suis vos conseils à la lettre. Je pratique tous les jours la musculation que vous m'avez prescrite. J'ai effectué les vérifications dont vous m'avez parlé, et je constate que je sais contracter volontairement mon périnée. Mais, lorsque je fais ces contractions, je vois bien que je contracte aussi mes cuisses et mes abdominaux. Est-ce normal ? Je ne parviens pas à contracter uniquement mon périnée. »

Eh bien non, ce n'est pas du tout normal. Dans cet

exercice, c'est bien le périnée, et lui seul, qui doit se contracter. Et, si vous n'y parvenez pas, c'est que cet exercice est très important pour vous. Vous devez absolument trouver les moyens d'y parvenir.

En effet, si vous ne pouvez pas le faire, c'est que vous avez une lacune dans le contrôle de votre périnée. Votre commande centrale n'arrive pas bien à envoyer un ordre qui concerne seulement votre périnée, mais cette commande centrale envoie, à la place, un ordre beaucoup plus général qui concerne toute la région (par exemple, les abdominaux, les fessiers, les muscles des cuisses…). Quand je parle de commande centrale, il s'agit de votre cerveau. Vous devez donc lui apprendre à devenir plus sélectif. C'est un peu comparable à ce qui se passe lorsqu'on apprend le piano, par exemple : au début, c'est très difficile de plier séparément les doigts pour appuyer sur des touches différentes à des moments différents ; mais cela s'acquiert par l'entraînement.

Si, même avec de l'entraînement, vous n'y parvenez absolument pas, il existe tout de même une méthode pour vous aider. Il s'agit alors, au lieu de déclencher la contraction périnéale volontairement, de la déclencher à l'aide d'un petit courant électrique produit par un appareil. Ce genre d'appareil est comparable à ces appareils de « gymnastique passive » utilisés pour se muscler les abdominaux en regardant la télé !

Leur utilité est ici de montrer à votre corps comment contracter uniquement le bon groupe musculaire. Ensuite, vous parviendrez plus facilement à le faire seul.

Je trouve que c'est un peu la même chose pour les personnes qui n'arrivent pas à bouger les oreilles : si le corps ne comprend pas ce qu'il faut faire, l'entraînement donne un résultat nul. En revanche, s'il y arrive, ne serait-ce qu'un tout petit peu, d'énormes progrès sont possibles. (Évidemment, bouger les oreilles, cela ne sert pas à grand-chose !)

Si, après trois semaines, ou même plus, d'exercices assidus, vous ne constatez aucune amélioration lors des rapports sexuels, alors, continuez quand même ! Pourquoi ? Parce que cet exercice est de toute manière utile. Peut-être que, pour vous, il y a d'autres raisons qu'un périnée insuffisant à cette éjaculation prématurée. Vous devrez donc ajouter à cet exercice musculaire autre chose : soit un traitement, soit d'autres exercices, soit un travail un peu plus psychologique peut-être...

Mais rappelez-vous toujours qu'un bon périnée est nécessaire au contrôle de votre éjaculation. Cela signifie que si vous découvrez dans ce livre, par exemple, un exercice qui vous semble particulièrement indiqué dans votre cas, cet exercice peut très bien ne donner aucune amélioration si votre périnée n'est pas à la hauteur. Donc, commencez par là, et insistez !

J'ai donc prescrit cet exercice de musculation à Jean-Pierre. Il revient me voir trois semaines plus tard. Il me dit alors : « Pour l'instant, j'ai seulement une légère amélioration sur le plan sexuel. Je n'éjacule plus jamais instantanément au moment de la pénétration, mais c'est encore très rapide tout de même. Je remarque surtout que je n'éprouve plus de gêne urinaire, je sens que je peux me retenir beaucoup plus longtemps lorsque j'ai besoin d'uriner. J'apprécie beaucoup ce changement, particulièrement quand je suis en réunion. »

Et, bien sûr, je ne peux alors que lui recommander de poursuivre assidûment cet exercice, de manière à continuer à progresser.

Comment ces exercices peuvent-ils changer quelque chose au contrôle éjaculatoire ?

Sur le plan moteur

Les muscles du périnée deviennent plus puissants, et si vous les contractez au moment où vous sentez l'éjaculation approcher (la sensation prémonitoire d'éjaculation), vous pouvez en différer la survenue. C'est à tester, et c'est parfois très efficace, parfois moins, cela dépend beaucoup de la force de votre périnée, et aussi de votre manière de fonctionner. Pour certains hommes, c'est parfait, cette contraction au bon moment permet d'avoir un rapport de durée vraiment satisfaisante.

D'autres me disent : « C'est vrai que cela retarde mon éjaculation, mais pas suffisamment. Lorsque je reprends des mouvements de va-et-vient, l'éjaculation vient quand même trop vite. » Dans ce cas, il faut continuer la musculation, car c'est déjà très bon signe si vous percevez un changement, même insuffisant au début.

D'autres hommes fonctionnent tout à fait différemment : ils m'expliquent qu'au cours d'un rapport, toujours au moment de la sensation prémonitoire, s'ils contractent leur périnée, au contraire, l'éjaculation vient encore plus rapidement. Cela peut se produire. Cela ne signifie pas que la musculation du périnée soit inefficace ou même néfaste pour eux.

Ceux-là ne doivent pas contracter volontairement leur périnée pendant les rapports pour retarder l'éjaculation, mais les exercices de musculation sont tout de même bénéfiques.

Parfois, ces hommes ressentent aussi, pendant l'entraînement musculaire du périnée, des sensations qui ressemblent assez aux sensations voluptueuses. Je pense à un patient qui, lui, s'entraînait énormément à muscler son périnée (bien plus de cent contractions par jour) et il me disait qu'il approchait presque l'orgasme quand il faisait ces nombreuses contractions. Cela peut effectivement se produire.

Sur le plan sensitif

En entraînant votre périnée, vous augmenterez la bonne perception de cette partie de votre corps. Pensez par exemple aux aveugles qui ont appris à lire en braille, ils ont développé la perception fine de la pulpe des doigts. Vous aussi, vous pourriez lire en braille avec de l'entraînement, mais, essayez lorsque vous avez dans les mains une boîte de médicaments qui comporte des indications en braille, ce n'est pas facile du tout au début. Votre perception n'est pas entraînée.

Lorsque votre périnée devient plus sensible, il vous est alors plus facile de repérer le moment où survient la sensation prémonitoire d'éjaculation. À partir de là, il vous sera plus facile de la différencier du point de non-retour, à partir duquel il n'est plus du tout possible de différer l'éjaculation.

Cette différenciation est très importante. Certains sexologues considèrent même que la principale, voire l'unique cause de l'éjaculation prématurée est la confusion entre la sensation prémonitoire d'éjaculation et le point de non-retour. Personnellement, je crois que c'est une des causes possibles, mais sans doute pas la seule.

Si, lorsque vous percevez la sensation prémonitoire d'éjaculation, vous croyez qu'il est déjà trop tard pour vous retenir d'éjaculer, vous laissez les choses se faire, et, effectivement, vous éjaculez. Or, vous avez encore sept dixièmes de secondes pour bloquer, pour retarder votre éjaculation. Ce n'est peut-être pas beaucoup, mais c'est en principe amplement suffisant.

Donc, lorsque vous savez qu'il vous reste du temps, parce que vous le sentez avec votre corps, vous pouvez enfin vous concentrer, au bon moment, pour retarder l'échéance.

Sur le plan vasculaire

Lorsque vous faites de la musculation, vous observez une augmentation de volume des muscles, et une augmentation de la circulation locale. Pensez par exemple à ces hommes qui font du body-building, ils ont des muscles hypertrophiés, et beaucoup de veines apparentes ; il faut bien des vaisseaux pour nourrir et oxygéner ces masses musculaires.

Si vous musclez bien votre périnée, évidemment, cela ne se verra pas, mais le même phénomène se produit. La masse musculaire du périnée augmente de volume, et la circulation sanguine s'intensifie. C'est d'ailleurs une des raisons pour lesquelles votre sensibilité est alors meilleure. Ainsi, votre zone sexuelle est mieux irriguée et mieux oxygénée, et cela va vous donner un meilleur contrôle.

La musculation périnéale chez la femme

Si une éjaculation rapide vous gêne surtout vis-à-vis de votre partenaire ; si vous pensez qu'avec cette durée de rapports trop courte, votre partenaire ne peut pas éprouver de plaisir, alors, elle peut elle aussi pratiquer cette musculation périnéale.

En effet, chez la femme, cette musculation augmente les sensations voluptueuses intravaginales, et facilite l'accès à l'orgasme. Une femme qui a un périnée « en béton » aura plus vite, et plus facilement, des orgasmes, pour un niveau d'excitation plus faible.

Ainsi, vous pouvez progresser de votre côté, travailler à faire durer plus les rapports, et votre partenaire peut elle aussi aider à améliorer la situation en devenant plus vite et plus profondément réceptive au plaisir.

Cette musculation se pratique habituellement chez la femme après une grossesse, pour tonifier les muscles qui ont été étirés lors de l'accouchement. Donc, beaucoup de femmes en connaissent le principe.

Il s'agit à peu près des mêmes exercices. La femme doit contracter les muscles du périnée, ceux qui bloquent le jet d'urine, et les muscles du vagin, ceux qui le font se serrer (100 fois par jour, par séries de 10 ou 15 contractions, en contractions soutenues, et cela pendant au moins un mois, plutôt plus).

Les vérifications pour voir si elle les pratique bien sont :

1. Bloquer le jet en urinant.
2. Mettre un doigt dans le vagin. En contractant les muscles du périnée, on sent un serrement sur ce doigt.

Si c'est difficile pour elle, elle peut aller consulter un kinésithérapeute pour de la rééducation périnéale. Beaucoup de kinésithérapeutes sont formés à cette pratique, car c'est systématique après un accouchement.

Bien sûr, il faut que votre partenaire ait envie que votre sexualité à tous les deux s'améliore pour accepter la contrainte de faire des exercices quotidiens. Si c'est le cas, vous avez plus de chances de voir les choses changer.

Pourquoi le périnée est-il si souvent insuffisant ?

C'est une question que je me suis longtemps posée avant de trouver des réponses. Car, pourquoi les hommes et les femmes auraient-ils besoin de muscler leur périnée ? La nature serait-elle pour une fois mal faite ? Et pourquoi nous aurait-elle dotés d'un périnée insuffisant ?

La première raison, c'est que nous ne fonctionnons pas comme les animaux. Les animaux marchent à quatre pattes. Dans cette position, le périnée est vertical, car leurs fesses sont en l'air ! Notre périnée à nous est horizontal. Il est donc soumis à bien plus de pressions : tout ce qui se trouve dans notre ventre appuie dessus. La vessie, et tous les intestins… Notre périnée est donc très sollicité.

Or, à l'échelle de l'humanité, nous ne marchons pas sur deux jambes depuis si longtemps que ça. Et notre périnée n'est pas encore tout à fait adapté.

La deuxième raison, c'est que la position naturelle pour aller aux toilettes, c'est la position accroupie. En position accroupie, le périnée travaille à chaque fois, quotidiennement. Or, nous ne nous accroupissons plus, nous nous asseyons, et dans cette position assise, le périnée ne travaille pas du tout de la même manière. Il finit donc par devenir assez faible.

La troisième raison peut remonter à l'enfance. C'est l'acquisition trop précoce de la propreté. Si l'on harcèle un enfant pour aller sur le pot alors que son corps n'y est pas physiquement prêt, on met en place une tension, une angoisse. Et, au lieu de le laisser acquérir tranquillement les contrôles naturels de la propreté, on le perturbe. Cela peut laisser des traces dans la sexualité, et entraîner une difficulté dans l'équilibre entre « se retenir » et « se laisser aller ». La sexualité s'en ressent plus tard.

C'est pour ces raisons que ces muscles ont besoin de travailler, d'être sollicités. Les exercices de musculation sont faits pour compenser ces manques.

Massages

L'homme éjaculateur prématuré a souvent une particularité. Pendant l'amour, son attention sensorielle est très centrée sur sa zone sexuelle. Le reste de son corps participe peu aux sensations. Alors, quand les sensations de volupté augmentent, elle emplissent très vite la sphère génitale. Et l'éjaculation survient.

L'homme qui éjacule plus tardivement, lui, laisse les sensations de plaisir diffuser bien plus largement dans tout son corps. Et il faut bien plus de temps à l'excitation pour emplir le corps tout entier et pour atteindre un niveau qui va déclencher l'éjaculation.

Pour éduquer le corps tout entier à la volupté, les massages sont la voie royale. Ils permettent au corps de s'ouvrir aux sensations, de s'éveiller au plaisir sensuel.

Comment les pratiquer ?

C'est un massage de couple.
— Les deux partenaires sont nus.
— La température de la pièce doit être aux alentours de 25 degrés. Car, s'il fait un peu froid, il est difficile de se laisser aller au plaisir du massage.
— Chacun à son tour masse l'autre. L'un est allongé, et l'autre va masser.
— On utilise de l'huile de massage. Il faut la réchauffer dans les mains avant de la verser sur la peau. L'huile froide est très désagréable.
— On peut écouter de la musique douce.
— Si c'est la femme qui masse, par exemple, elle commence par poser ses deux mains huilées sur le torse de son partenaire. On dit qu'elle se branche sur lui. Elle laisse ses mains accompagner le mouvement de la respiration pendant une ou deux minutes.
— Puis, elle masse. Elle évite les zones sexuelles, car il ne s'agit pas du tout de chercher à provoquer une excitation sexuelle, mais à ouvrir le corps aux sensations agréables.
— Elle peut masser tout le corps, sauf les zones sexuelles. Mais elle peut parfois, au cours d'une séance, se contenter de masser seulement le visage, les pieds, ou le dos. Cela dépendra des séances.
— Elle garde toujours le contact avec son partenaire.

Jamais elle ne doit ôter ses deux mains. Cela provoque une sensation d'abandon. Et, si son partenaire change de position, le contact doit quand même être gardé, au moins du bout d'un doigt.
— Son partenaire doit lui dire ce qui est agréable pour lui. Par exemple : « Plus fort ! Plus à droite ! » ou : « Encore à cet endroit ». De cette manière, la femme peut adapter son massage.
— On peut, pour s'aider, lire des conseils sur les techniques de massage, mais, ce qui compte le plus, c'est d'être à l'écoute de l'autre.
— À la fin du massage, la femme doit reposer les mains sur le torse ou sur le haut du dos, pour bien percevoir les respirations, et les laisser une ou deux minutes. On dit qu'elle se débranche.
— Attention, ce massage doit se faire à tour de rôle. Si la femme masse son partenaire, ensuite ce doit être à l'homme de masser sa compagne.
Dans un couple, il y en a souvent un qui préfère masser, et l'autre être massé. C'est normal, mais il ne faut pas en tenir compte, et toujours pratiquer le massage dans les deux sens.
— Ce massage peut facilement durer une demi-heure, et, avec la réciproque, cela fait une heure. Ce n'est pas forcément évident. Alors, on peut un jour se faire masser, et le lendemain masser son ou sa partenaire.

Mais, si l'on en a assez avant une demi-heure, il faut arrêter. Il vaut mieux un quart d'heure de massage agréable qu'une demi-heure en regardant sa montre.

Si un couple pratique ce type de massages régulièrement, l'homme va s'ouvrir au plaisir des sensations corporelles. Et pendant un rapport, son attention va se décentrer au moins un peu de sa zone sexuelle. Alors, il éjacule plus tardivement.

Les femmes sont naturellement plus ouvertes au plaisir

corporel non sexuel. C'est pour cela qu'elles apprécient souvent plus les préliminaires que les hommes. C'est aussi pour cela que rares sont les femmes qui se plaignent d'un orgasme trop rapide. Au contraire, il faut souvent du temps à une femme pour atteindre l'orgasme. Car son corps entier se remplit alors de volupté.

Exercice de masturbation

Michel a vingt-neuf ans. Il est « presque fiancé » à Esther, vingt-trois ans, qu'il connaît depuis un an et demi : c'est-à-dire qu'ils souhaitent se marier, et avoir des enfants. Michel est en train de passer sa thèse de médecine. Il est donc médecin, mais pas encore docteur en médecine. En attendant, pour gagner sa vie, il fait des remplacements en médecine d'urgence, de jour comme de nuit. Il a aussi une autre activité : guitariste dans un groupe de rock, et c'est pour lui aussi important que ses études de médecine. D'ailleurs, il souhaiterait gagner sa vie plutôt avec le rock qu'avec la médecine.

Avec tout cela, son emploi du temps tient plutôt du cauchemar : il joue de la guitare deux à trois heures par jour, sans parler des répétitions, de ses gardes qui sont assez nombreuses. En effet, il a envie de vivre sans se priver, me dit-il, après quelques années de galères financières, comme la plupart des étudiants.

Michel a eu beaucoup d'aventures féminines avant de rencontrer Esther, mais il savait que ces rencontres ne comptaient pas vraiment pour lui.

« Avec Esther, explique-t-il, c'est différent. Je lui suis très attaché, et je souhaite faire ma vie avec elle. C'est pour cela, continue-t-il, que maintenant, ça m'ennuie beaucoup de ne pas réussir à contrôler mes éjaculations. Pour les aventures précédentes, je m'en fichais complètement, mais avec Esther, ce n'est plus la même chose.

De plus, Esther a vingt-trois ans, elle est étudiante, et elle n'avait jamais eu de relations sexuelles avant moi. Cela m'ennuie, car je sais qu'elle ne peut pas comparer nos rapports sexuels avec des rapports de durée normale, et j'ai peur que ça ne finisse par créer un problème. Je me dis que si je n'arrive pas à me montrer à la hauteur, elle finira peut-être par avoir envie d'aller voir ailleurs pour comparer, et ce serait vraiment moche.

Pourtant, je sais qu'elle éprouve du plaisir, mais seulement par les caresses, car, avec moi, les mouvements de va-et-vient après la pénétration ne durent pas assez longtemps pour qu'elle puisse parvenir à l'orgasme. Cela dure peut-être trente secondes, juste le temps de quelques mouvements. »

Michel est une vraie pile électrique, et je constate qu'il a des traits communs avec certains de mes patients éjaculateurs prématurés. (Cf. l'exemple de Jacques : ne jamais avoir le temps, être toujours pressé.)

Mais, c'est ce qu'il va ajouter ensuite qui retient mon attention : « Quand j'étais adolescent, avec des copains, nous faisions des concours à qui réussirait à éjaculer le plus vite. Et il faut vous dire que j'étais tout fier, car je gagnais à chaque fois ! (Il rit à ce souvenir.) Mais, maintenant, je suis beaucoup moins fier, et peut-être qu'à l'époque, si j'avais perdu à chaque fois, les choses seraient différentes aujourd'hui. »

Ce que raconte Michel est très important pour bien comprendre une des facettes du contrôle de l'éjaculation. En effet, Michel, à l'époque de son adolescence, a conditionné son corps à fonctionner d'une certaine manière. De plus, il a reçu ce qu'on appelle des renforcements positifs, c'est-à-dire que, plus son éjaculation était rapide, plus il était fier, et plus il gagnait l'admiration, le respect de ses camarades. Et donc, plus il était encouragé à éjaculer encore plus vite si c'était possible.

Or, ce genre de comportement encourage, et entraîne le corps à intégrer une certaine manière de fonctionner. Cela signifie qu'ensuite, vous n'avez plus besoin d'y penser, votre corps réagit comme vous le lui avez appris. Le corps de Michel a appris à éjaculer très vite, le plus vite possible même. Plus cet entraînement sera répété, et ressenti comme gratifiant, plus ce réflexe d'éjaculer très vite va être solidement « implanté » dans ce corps, c'est-à-dire devenir une sorte de réflexe involontaire.

Bien sûr, certains hommes ont sans aucun doute, au départ, la capacité d'éjaculer plus vite que d'autres ; Michel a toujours gagné à ce jeu, même au début. Mais le plus ennuyeux, c'est qu'il a cultivé un potentiel qu'il aurait mieux valu laisser de côté.

Les autres adolescents qui ont participé à ce « concours » ont tous essayé d'accélérer la survenue de leur éjaculation. Il est probable que leur éjaculation a par la suite été plus rapide que s'ils n'avaient jamais participé à ce genre d'amusement.

Évidemment, tous les adolescents n'ont pas, comme Michel, pratiqué ces concours de vitesse !

Néanmoins, le conditionnement à un fonctionnement éjaculatoire est extrêmement fréquent. En effet, à la puberté, au moment où tout un chamboulement hormonal a lieu dans le corps du jeune garçon, l'éjaculation se fait très facilement, et rapidement au début. C'est pour cela que tous les adolescents connaissent des éjaculations la nuit en dormant. En effet, à cet âge, il suffit parfois d'une excitation assez minime pour déclencher le réflexe éjaculatoire. Il peut suffire, par exemple, d'un simple frôlement.

Avec le temps, le corps va trouver son équilibre, et les éjaculations nocturnes s'espaceront pour devenir plus rares.

Lorsque le jeune garçon découvre la masturbation à un

âge où l'éjaculation est très rapide naturellement, il va en quelque sorte s'auto-entraîner à éjaculer vite. En effet, à ce stade, il ne cherche pas spécialement à prolonger la durée de la masturbation. Ce qui est alors plutôt recherché, c'est le plaisir, la détente, la sorte de libération que produit la décharge orgasmique. D'autre part, il n'a pas tellement envie d'être surpris à ce moment-là, et il aura donc plutôt tendance à accélérer la chose ! Et c'est ainsi qu'il entraîne, qu'il conditionne son corps à acquérir un réflexe rapide.

Or, un conditionnement est d'autant plus efficace qu'il est précoce et répété.

Je vais vous donner un exemple : quand un enfant apprend à skier, il va apprendre d'autant plus facilement, et d'autant mieux qu'il est jeune. Et son corps se souviendra toute sa vie des apprentissages de sa jeunesse. Ainsi, s'il apprend à mal skier au début, c'est-à-dire dans une mauvaise position, il aura par la suite du mal à se défaire de ces premiers apprentissages. Il aura alors besoin de s'entraîner beaucoup pour trouver la bonne position, beaucoup plus que s'il avait adopté cette bonne position dès le début.

C'est un peu la même chose pour apprendre à éjaculer.

Les premiers rapports sexuels peuvent aussi contribuer à entraîner le corps à éjaculer très rapidement. L'homme qui a son (ou ses) premier(s) rapport(s) avec une prostituée sera encouragé à éjaculer le plus vite possible. C'est plus rentable pour ce commerce !

De même, un garçon qui a ses premiers rapports dans un contexte où il peut être surpris avec sa partenaire essaiera d'éjaculer vite. C'est vrai pour un rapport dans une voiture par exemple, ou dans un appartement pendant que les parents sont absents. Il faut avoir fini avant qu'ils ne reviennent.

Que faire ?

Il s'agit, logiquement, de déconditionner ce réflexe qui a été mal intégré, ou plutôt qui n'a pas été intégré de la manière la plus profitable pour le futur. Dans ce cas, nous prescrivons des exercices adaptés.

Premier exercice

C'est simplement un exercice de masturbation, cette fois en prenant tout son temps pour apprendre au corps à se déconditionner. Lors d'un rapport sexuel, l'excitation augmente, jusqu'à atteindre un niveau tel que l'éjaculation survient. Il n'y a alors plus aucun moyen de la stopper. Le degré d'excitation qui déclenche, de manière irréversible, l'éjaculation, s'appelle le point de non-retour.

Dans le cadre de l'exercice de masturbation, il s'agit de faire monter l'excitation, et d'arrêter tout mouvement juste au moment précis où l'on sent approcher le point de non-retour. Il s'agit de bien repérer la sensation imminente d'éjaculation, celle que vous éprouvez avant d'atteindre le point de non-retour.

C'est là la difficulté de l'exercice. En effet, on considère, en pratique sexologique, que beaucoup d'hommes contrôlent mal leur éjaculation parce qu'ils ne repèrent pas du tout cette sensation imminente d'éjaculation, ou bien ils l'éprouvent trop tard, lorsqu'ils en sont déjà au point de non-retour, et ne peuvent alors plus rien faire pour empêcher l'éjaculation.

Le but de l'exercice est donc d'apprendre à repérer cette sensation prémonitoire d'éjaculation assez tôt, de manière à avoir le temps de faire marche arrière avant qu'il ne soit trop tard, avant que l'excitation n'atteigne un niveau irréversible.

Donc, à ce moment, il faut arrêter tout mouvement, respirer profondément, et ATTENDRE que l'excitation diminue. L'excitation diminue suffisamment seulement lorsque l'érection diminue. Cette attente peut donc durer assez longtemps, parfois trente secondes, mais parfois plusieurs minutes. Puis, lorsque l'érection a perdu un peu de sa vigueur, on peut recommencer les mouvements. Puis, de nouveau, arrêter, toujours au moment de la sensation prémonitoire d'éjaculation. Et il faut recommencer au moins trois fois ce cycle excitation-arrêt avant de s'autoriser à éjaculer.

Comment cela se passe-t-il ?

Souvent, l'exercice est carrément loupé les premières fois, et vous pourriez vous dire : « Zut, je suis allé trop loin, c'est trop tard », et éjaculer. Le risque est alors, la fois suivante, de stopper les mouvements trop tôt, avant même de sentir réellement dans votre corps la sensation physique d'imminence de l'éjaculation. Vous avez alors l'impression d'avoir réussi l'exercice, mais ce n'est pas du tout le cas ! Puis, la troisième fois, l'éjaculation peut de nouveau venir trop vite, mais cette fois, vous vous dites : « Loupé, mais j'ai senti le moment où j'aurais dû arrêter. » Alors, vous êtes près du but. Insistez donc, refaites cet exercice régulièrement, car ce n'est pas en quelques minutes que vous pouvez déconditionner un comportement datant parfois de plusieurs années.

Il faut aussi préciser que, quand je parle de faire cet exercice plusieurs fois, ce n'est pas dans la même journée ! Sauf si vous y tenez vraiment, je conseille en général de vous y employer deux à trois fois par semaine, ce qui est déjà bien. En tout cas, il faut certainement le faire au moins une fois par semaine, au minimum, si vous voulez constater un changement dans votre fonctionnement sexuel. Car, si un comportement est bien ancré, il faut un entraînement un peu répété pour y changer quelque chose.

Certains hommes me disent : « Votre exercice, c'est très bien, je comprends parfaitement, mais moi, j'ai essayé, et je peux très facilement tenir une heure sans éjaculer par la masturbation, et pourtant, cela ne change rien à mes rapports avec ma partenaire. »

En effet, lors de la pratique masturbatoire, vous ne vous trouvez pas dans la même situation que lors d'une relation à deux. Et donc :

— soit les hommes ont une excitation qui n'est pas aussi forte lors de la masturbation qu'au cours d'un rapport à deux, ce qui paraît normal ;

— soit cette excitation n'est tout simplement pas de même nature, ce qui fait qu'elle n'entraîne pas les mêmes conséquences d'éjaculation rapide ;

— soit tout seul, c'est plus simple, parce qu'il n'y a pas d'enjeu important, de désir de contenter l'autre à tout prix, il n'y a pas ou peu de stress, et du coup, pas d'éjaculation rapide.

Si vous êtes dans un de ces cas, c'est-à-dire si vous n'avez aucun symptôme d'éjaculation rapide au cours de la masturbation, cet exercice est complètement inutile pour vous. En effet, il n'y a rien à éduquer ou rééduquer chez vous de cette manière. Cela signifie aussi que votre corps à vous est tout à fait capable d'éjaculer de manière assez retardée, puisqu'il vous le prouve à ce moment-là.

Donc, vous n'êtes peut-être pas physiquement éjaculateur prématuré, puisque votre corps peut fonctionner autrement.

Il se peut aussi que par la masturbation, vous n'arriviez pas à une excitation aussi importante qu'avec une partenaire, et dans ce cas-là aussi, cet exercice est inutile.

Donc, si vous constatez que cet exercice de masturbation est difficile, ou même très difficile : tant mieux pour vous. Ce sont les hommes qui y arrivent le moins bien au début qui en bénéficieront le plus. Les difficultés sont à la hauteur de ce que vous pouvez espérer. Plus vous avez du mal au début, plus vous pouvez espérer de progrès.

On me dit souvent aussi à propos de cet exercice : « Je ne suis pas venu vous voir pour m'entraîner à la masturbation, mais pour que cela s'arrange avec mon amie (ou ma femme) ; et ça m'ennuie un peu de devoir faire ce genre d'exercices ! » Il faut bien comprendre qu'il ne s'agit pas tellement de vous prescrire de profiter d'un plaisir solitaire de manière égoïste, mais de vous entraîner seul pendant un temps pour accéder à plus de plaisir à deux.

Or, il est nettement plus facile de déconditionner le corps quand on est seul, parce qu'il n'y a pas d'enjeu. Si l'exercice est raté au début, on n'en fait pas une maladie, et s'il faut plusieurs essais avant de parvenir à une amélioration, cela n'a pas beaucoup d'importance. Au contraire, dans un rapport à deux, quelqu'un vous regarde, vous observe, et c'est d'autant plus stressant qu'il s'agit en général de quelqu'un qui compte pour vous. Car cette personne peut être attristée, déçue, frustrée...

C'est pourquoi, en réalisant l'exercice seul, vous supprimez une cause de stress, donc, vous transformez vos réflexes conditionnés plus facilement.

Deuxième exercice

Il ne faut pratiquer cet exercice que si vous réussissez bien le précédent, ou bien si d'emblée ce premier exercice ne présente pas de difficultés, ou encore si l'excitation que vous ressentez à la masturbation n'est pas assez forte pour vous faire perdre le contrôle de votre éjaculation.

Ce deuxième exercice est presque identique au premier. La différence est que vous devez le faire avec votre partenaire. Il vous faut donc demander à votre partenaire de vous caresser, et d'arrêter au moment de la sensation imminente d'éjaculation. Pour cela, il est évidemment nécessaire d'avoir une partenaire coopérative, à qui vous pouvez expliquer le but de l'exercice : apprendre à mieux contrôler votre éjaculation, pour pouvoir lui donner plus de plaisir.

De plus, il est nécessaire de convenir d'un signal, pour lui indiquer le moment où il faut cesser les caresses. Cela peut être tout bêtement prononcer le mot STOP, ou bien un geste comme une pression de la main, par exemple, ou encore tout autre chose qui peut vous paraître plus simple ou plus pratique. Ainsi, de cette manière, vous pouvez non seulement déconditionner votre corps, mais aussi apprivoiser le stress d'être à deux.

L'exercice de masturbation tout seul est beaucoup plus facile à réussir. Puis, lorsque vous contrôlez bien la situation tout seul, il s'agit de la contrôler en présence de votre partenaire, ce qui est déjà un peu moins facile : plus d'excitation, et aussi plus de stress.

Mais il y a encore plus difficile, c'est la pénétration ! Car l'excitation est aussi, bien sûr, liée à la pénétration. En effet, la pénétration crée une excitation généralement beaucoup plus forte que la masturbation ou les caresses de la partenaire. Mais ce n'est pas forcément objectif, car il n'est pas sûr que le contact du vagin soit plus excitant, mécaniquement parlant, que le contact d'une main par exemple. S'il l'est plus, c'est surtout à cause du ressenti intérieur, du fantasme, plus qu'une question de pression, de chaleur ou d'humidité particulière.

Vous pouvez aussi aller plus loin avec ce même exercice, en le réalisant au cours d'une fellation, auquel cas, il faut bien sûr tout expliquer encore une fois à votre partenaire. Ce peut être intéressant, car le ressenti est certainement objectivement plus proche d'une pénétration vaginale. Mais cela dépend beaucoup de vous. En effet, certains hommes n'ont pas du tout d'éjaculation prématurée au cours d'une fellation, alors qu'ils éjaculent très vite lors d'une pénétration vaginale. Certains hommes éjaculateurs rapides ont même du mal à éjaculer lors d'une fellation. Si c'est votre cas, ce type d'exercice en cours de fellation n'a aucun intérêt.

Une chose est vraiment capitale, c'est l'adhésion de votre partenaire à ce genre de pratiques ! En effet, si vous sentez une réticence, ou un refus, surtout, n'insistez pas. Non seulement cela ne servira à rien, mais les effets seront sans doute néfastes à votre couple si votre partenaire se sent contrainte, obligée de faire des choses qui ne lui plaisent qu'à moitié, ou même pas du tout. Vous pouvez considérer qu'un refus de sa part prouve qu'elle n'est pas libérée, ou même vraiment coincée, mais ce peut être aussi qu'elle ne trouve pas cela romantique du tout, car, soyons honnêtes, cela ne l'est pas.

De la même manière, si ces exercices vous semblent impraticables, ou même propres à vous dégoûter du sexe ou pire, de l'amour, surtout ne les faites pas. En effet, il est vrai qu'il n'y a pas tellement de spontanéité, d'élan passionnel dans ce type d'exercices ! Et le but n'est pas de trouver un antidote à l'amour, mais d'améliorer votre sexualité.

En revanche, si vous sentez que dans votre couple, cela pourra se faire un peu comme un jeu, alors, allez-y !

C'est souvent plus facile d'en faire un jeu si ce problème d'éjaculation rapide ne date pas de trop longtemps. Dans un couple récent, où cette éjaculation prématurée est gênante mais sans plus, cela passe souvent assez bien. C'est aussi le cas dans un couple un peu plus ancien lorsque l'éjaculation prématurée n'est pas devenue une obsession.

Mais, si vous souhaitez faire quelque chose pour améliorer ce contrôle éjaculatoire parce que votre partenaire est découragée, infidèle, agressive… alors il vous sera beaucoup plus difficile, voire même impossible de lui demander de participer. C'est pourquoi, il est recommandé de ne pas laisser ce problème s'enraciner, car plus le temps passe, et plus le risque que votre partenaire réagisse mal augmente.

Squeeze

C'est la méthode de Masters et Johnson, les célèbres sexologues américains. Elle est expliquée très en détail dans leur livre : *Les mésententes sexuelles et leur traitement* (Robert Laffont).

Elle se déroule en plusieurs temps :

Premier temps

L'homme est allongé sur le dos, jambes écartées et repliées.

Sa partenaire est assise entre ses jambes. Elle va solliciter l'érection par des caresses. Puis, lorsque l'homme sent que l'éjaculation se prépare, il avertit sa partenaire, par un mot, ou par un geste.

Alors, elle pratique le squeeze, la compression : elle serre le pénis entre son pouce et son index collé à son majeur, au niveau du frein, pendant deux ou trois secondes.

La pression doit être assez forte pour faire cesser immédiatement le besoin d'éjaculer. Cela peut aussi entraîner une baisse de l'érection. Ensuite, quinze à trente secondes plus tard, la femme peut recommencer la masturbation.

Les manœuvres de compression sont renouvelées plusieurs fois, mais pas plus de quatre fois.

Quand l'homme perçoit qu'il a amélioré le contrôle de son éjaculation, il peut passer au deuxième temps.

Deuxième temps

Il ne faut le pratiquer que lorsque le contrôle de l'éjaculation par la masturbation de la partenaire est bon.

L'homme est allongé sur le dos, et sa partenaire est en

position semi-assise, semi-agenouillée sur lui. Elle peut facilement bouger, ou s'immobiliser.

La femme introduit le pénis en érection dans son vagin très doucement. Puis, elle peut bouger. L'homme avertit sa partenaire dès qu'il sent que son éjaculation s'annonce. Elle se retire alors rapidement et pratique exactement la même compression que lors de la première étape.

Ensuite, la femme recommence : pénétration, mouvements suivis d'une compression lorsque l'homme lui signale que c'est le moment. Il s'habitue ainsi aux sensations procurées par l'intérieur du vagin.

Troisième temps

À réaliser seulement lorsque le stade de la deuxième étape est contrôlé.

Toujours dans la même position, l'homme est responsable des mouvements. C'est lui qui bouge, sa partenaire restant immobile. Et il demande à la femme de procéder à la compression lorsqu'il en a besoin.

Après un peu de pratique de ce type, on s'approche de très près d'un rapport normal.

Quatrième temps

Les rapports peuvent maintenant se faire de la même manière, mais en position sur le côté.

Cinquième temps

Le couple doit maintenir une grande régularité dans ses rapports sexuels.

Il doit éviter la position du missionnaire dans laquelle l'homme est sur la femme. Mais, il faut aussi continuer à pratiquer cet exercice de compression une fois par semaine avant un rapport. Ni plus ni moins. Et cela pendant au moins six mois. Toujours pendant ces six mois, et seulement une fois par mois, on demande au couple de refaire l'exercice de masturbation-compression.

Cette méthode demande une forte motivation de la femme. Mais, lorsqu'elle existe, c'est un avantage. Car, à deux, on est toujours plus efficace.

Cela peut paraître très technique, et empêcher la spontanéité naturelle dans l'amour. Mais c'est le prix à payer pour atteindre des résultats.

Masters et Johnson font état de 97,8 % de bons résultats. C'est remarquable. Mais, il faut savoir que les couples pouvant suivre avec eux cette thérapie étaient sélectionnés par la motivation. En effet, la méthode se pratique en stages de deux semaines. Pour des Américains, c'est énorme, car cela correspond à leurs vacances annuelles ! (Ils n'ont pas du tout cinq semaines de congés payés.)

Les enfants sont exclus de ce stage, ce qui permet au couple de se retrouver plus facilement pour s'occuper de lui.

Lorsque cette méthode se pratique en dehors d'un stage, parallèlement à des journées de travail, que la partenaire n'est pas tellement coopérante, il est évident que les résultats sont quand même moins faciles à obtenir.

Stop and go

Cette méthode a été préconisée par Semans.

Il y a plusieurs étapes.

Première étape

Masturbation manuelle. C'est la partenaire qui pratique la masturbation sur l'homme. Quand il sent arriver l'éjaculation, il dit : « stop ». La femme arrête alors tout mouvement. Ensuite, quand il sent que l'excitation a suffisamment diminué, il dit : « go ». Et la femme recommence la masturbation.

L'homme n'a rien d'autre à faire que d'observer ses propres sensations et d'en informer sa partenaire. Il n'a pas à agir pour freiner son éjaculation. Cela le libère donc de ce souci. Il s'en remet à sa partenaire. C'est un point capital, car c'est souvent le fait de vouloir faire quelque chose pour empêcher l'éjaculation qui l'accélère !

Cette séquence est répétée plusieurs fois (environ trois fois), et l'homme peut alors éjaculer.

Quand cet exercice se déroule bien, on peut passer à la suite.

Deuxième étape

Il s'agit du même exercice, mais le pénis est enduit de lubrifiant. Cela permet de se rapprocher plus de la sensation de pénétration vaginale.

Quand cet exercice se déroule bien, on passe à l'étape suivante.

Troisième étape

Il s'agit maintenant d'un rapport avec pénétration vaginale. Mais la femme est obligatoirement en position au-dessus de son partenaire. Elle est sur lui. C'est quand même l'homme qui doit lui indiquer la cadence des mouvements de va-et-vient qui lui convient. Il pose pour cela ses deux mains sur les hanches de sa partenaire.

De nouveau, quand il sent l'orgasme approcher, il dit : « stop ». Et la femme arrête de bouger. Puis : « go ». Et c'est reparti.

Lorsque le couple a eu trois rapports satisfaisants de cette manière, on peut passer à l'étape suivante.

Quatrième étape

C'est aussi un rapport sexuel intravaginal, mais l'homme est cette fois sur la femme. C'est la position dans laquelle il est le plus difficile de contrôler son éjaculation.

Et, toujours, l'homme doit se concentrer sur ses propres sensations pour repérer l'arrivée imminente de l'éjaculation. À ce stade, il peut continuer à dire : « stop », mais il peut se le dire en lui-même, car c'est lui qui contrôle les mouvements.

Cette méthode est efficace. C'est une sorte de rééducation comportementale. Elle nécessite évidemment une collaboration très motivée de la partenaire. Et, dans ce cas, ça marche souvent très bien. Mais c'est parfois assez long : plusieurs mois, voire même un an pour certains couples.

Union réservée

C'est une technique qui se pratique en couple. Elle est très ancienne. Au départ, elle n'a pas été utilisée du tout pour lutter contre une éjaculation trop rapide. Il s'agissait plutôt d'éviter une grossesse, à une époque où aucune contraception n'était disponible.

Pour cela, il ne faut pas éjaculer.

Il s'agit d'un rapport sexuel de pénétration. Il est conseillé de choisir une position confortable, dans laquelle on peut tenir longtemps sans crampe, sans écraser l'autre…

Par exemple, la position en « petites cuillères » est bien adaptée. L'homme et la femme sont allongés sur le côté. La femme tourne le dos à l'homme. Et l'homme voit le dos de sa partenaire.

Il s'agit de procéder à une pénétration vaginale, très, très doucement. Ensuite, il ne faut plus bouger du tout, rester complètement immobiles, sans aucun mouvement de va-et-vient. Les caresses et les échanges de paroles sont, bien sûr, permis. Au bout d'un temps sans stimulation, l'érection va naturellement diminuer.

À ce moment-là, et pas avant, il faut faire un mouvement de va-et-vient, juste pour entretenir l'érection. Et continuer ainsi à rester immobiles et faire les mouvements minimaux pour garder une érection correcte.

Ces mouvements peuvent consister en va-et-vient, mais aussi en contractions des muscles du périnée. La femme qui contracte son périnée serre son vagin. Et l'homme, lui, fait bouger son sexe.

Dans ce cas, la stimulation est bien plus douce.

Cet exercice est très agréable. Il est un peu comme un intermédiaire entre un rapport sexuel et un câlin. Pourtant, c'est sexuel, mais sans agressivité, sans tension, tout en douceur. L'excitation reste donc plus contrôlée, et peut-être plus profonde, plus centrée sur les sensations intérieures.

Ensuite, après un temps assez long, environ un quart d'heure ou vingt minutes (même plus, c'est encore mieux), vous pouvez faire ce que vous voulez ! Continuer sur un rapport plus classique, des mouvements plus rapides.

Ce qui se passe : c'est comme si le sexe masculin était très, très excité par la découverte de l'intérieur du vagin. Quand il y reste tranquillement pendant 15 ou 20 minutes, il a le temps d'en faire le tour, de s'y habituer. Et il se dit : « Bon d'accord, j'ai tout vu maintenant. C'est pas mal ici, mais ça y est, je connais ! » Son excitation est alors bien plus faible, même s'il éprouve du plaisir.

Alors, quand le rapport s'accélère, il est dans son élément, et non plus comme un gamin surexcité qui découvrirait un magasin de jouets. Et ça dure beaucoup plus longtemps.

Quelques conseils

— Ne jamais se forcer à rester quinze ou vingt minutes si l'on en a vraiment assez avant ! Il faut que faire l'amour reste un plaisir.

— Bien sûr, expliquer ce que vous voulez faire à votre partenaire. Sinon, elle se demandera ce qui vous prend.

— Un patient m'a dit un jour : « Comme ma femme trouve que c'est long, pendant ce temps, elle lit. » Alors là, non et non ! La femme doit participer à ce rapport. Et ça lui procure souvent du plaisir.
— Refaire cet exercice plusieurs fois. Vous verrez que vous y prendrez goût, car c'est une autre façon de faire l'amour. Mais ne vous attendez pas forcément à un résultat miraculeux dès la première fois. Cela se produit, mais pas systématiquement. Chaque couple réagit différemment.

TRAVAIL MENTAL

Après les exercices plutôt physiques, voici quelques exercices plus mentaux. Il ne s'agit pas d'un travail psychologique, mais d'une recherche d'assouplissement des mécanismes mentaux qui mènent à l'éjaculation.

Travail sur le fantasme éjaculatoire

J'explique à Gérard que la plupart des hommes ont un fantasme éjaculatoire. Et c'est ce fantasme qui déclenche l'éjaculation. Ce fantasme est en général très stable, toujours à peu près identique. Souvent, il est tellement automatique qu'un homme n'en a pas forcément conscience.

« Ah oui, me répond Gérard, moi, quand je fais l'amour, j'imagine toujours une femme qui se déshabille. Elle enlève ses vêtements l'un après l'autre, et, quand elle enlève le dernier, sa petite culotte, alors, j'éjacule. »

Gérard souffre beaucoup de son éjaculation trop rapide. Sa femme encore plus que lui. Pourtant, ils s'entendent très bien pour tout le reste, et sont heureux ensemble.

Je lui explique : « Cela va peut-être vous paraître idiot, mais vous pouvez vous entraîner à contrôler ce fantasme. Par exemple, cette femme qui se déshabille, vous pouvez l'imaginer habillée très chaudement, avec beaucoup de couches de vêtements, pour qu'elle mette bien plus de temps à se déshabiller. Ou alors, vous pouvez l'imaginer se déshabillant très, très, très lentement.

Ce conseil peut paraître simple, mais il ne l'est pas tant que ça. Car un fantasme de ce type est souvent assez ancré, et il n'est pas toujours évident, au début, de modifier. Pour y parvenir, il vaut mieux, au début, introduire seulement de petits changements dans ce scénario, pour que votre mental le reconnaisse bien. »

Beaucoup d'hommes disent : « Moi, je ne vois pas, je n'ai pas de fantasmes comme ça à ce moment-là. »

Il faut attendre, et s'observer, car, parfois ce fantasme existe, mais de manière tellement automatique que c'est comme un réflexe. Et, si on ne le cherche pas, on ne le trouve pas.

Très souvent aussi, ce fantasme n'est pas du tout un scénario comme pour Gérard. Ce peut être seulement une pensée intérieure, sans être forcément un film. Ce peut être aussi une parole, une phrase ou un mot qu'on se dit à soi-même. Ce peut être aussi un souvenir, d'une image ou d'une sensation, etc.

C'est à vous d'observer ce qui se passe mentalement en vous à ce moment. Et pour le faire changer, commencez doucement, car il est difficile de changer du tout au tout quelque chose d'assez automatique.

Gérard a expérimenté ce changement. Et maintenant, tout va très bien pour lui. Mais il a aussi pris un traitement médicamenteux qu'il a voulu poursuivre très longtemps pour se sentir en confiance.

Décentrer son attention

Parfois, ce n'est pas spécialement un fantasme qui déclenche l'éjaculation, mais un événement extérieur.

Luc : « Moi, j'éjacule quand je vois le visage de ma partenaire qui change. Quand je vois à l'expression de son visage qu'elle a du plaisir. »

Beaucoup d'hommes ressentent cela. Pour d'autres, l'éjaculation est plutôt déclenchée par le changement de respiration de la partenaire, ou par une parole qu'elle prononce, un geste qu'elle fait, un gémissement, une odeur…

Cela signifie que le stimulus représenté par cet « événement » extérieur est très puissant. Le mieux est alors de s'entraîner à décentrer son attention. Se concentrer sur autre chose. Observer une partie du corps que vous aimez, écouter sa respiration, regarder son visage, ses mains, respirer le parfum de sa peau.

Il ne s'agit pas du tout de la technique classique qui consiste à « penser à autre chose comme votre déclaration d'impôts, les P.V. qui vous attendent, ou autres pensées désagréables » !

Mais, restez dans ce moment d'intimité sexuelle tout en entraînant votre esprit à voir, écouter, respirer, toucher, goûter ce qu'il ne fait pas d'habitude, élargir le faisceau de son attention. Et cela peut à la fois augmenter le plaisir et retarder votre éjaculation.

Aller vers plus de sentiment

Mon collègue Bruno Martin de Bourges m'a dit utiliser cette méthode avec succès chez ses patients.

Beaucoup d'hommes, quand ils font l'amour, sont très

centrés sur leur corps, leurs sensations physiques. C'est bien sûr normal, mais ce n'est pas suffisant pour faire durer longtemps le rapport. En effet, la part animale de notre corps tend à provoquer une éjaculation très rapide.

Il s'agit donc d'accentuer l'orientation sentimentale pour contrebalancer la rapidité physique.

La technique : quand l'éjaculation se profile à l'horizon, répéter en soi une phrase romantique ! Eh oui, ça marche ! Par exemple : « comme je l'aime » ou « que nous sommes bien ensemble », ou « c'est vraiment la femme de mes rêves », ou « elle est si belle quand elle sourit… » Je ne peux pas l'inventer pour vous car elle doit correspondre à ce que vous pensez vous-même dans vos moments les plus romantiques.

Il existe en effet deux formes d'amour : l'amour passion qui a tendance à accélérer l'éjaculation. Et l'amour tendresse qui est plus accessible à la lenteur. En procédant de cette manière, vous irez plus loin vers la tendresse, la romance et donc le temps s'étirera pour vous.

Attention : je vous conseille de choisir cette phrase à l'avance. Parce qu'à l'instant fatidique, vous aurez seulement quelques dixièmes de secondes pour réagir. Ce n'est pas le moment d'hésiter !

Travail sur les cognitions

Lorsqu'un homme consulte pour éjaculation précoce, c'est que cela le contrarie. C'est même que ça le gêne énormément, car il faut souvent longtemps pour se décider à consulter. C'est une décision qu'on ne prend pas de gaieté de cœur.

Alors, presque toujours, comme le problème dure depuis longtemps, un cercle vicieux d'angoisse anticipant l'échec s'est installé.

Cette angoisse peut se manifester par des sensations

physiques, mais aussi par des pensées très négatives, souvent tout à fait fausses. Par exemple :

« Je suis vraiment nul. »

« Je suis un minable. »

« Je ne suis même pas un vrai homme. »

« Jamais je ne pourrai la satisfaire. »

« Je la déçois toujours. »

« Je sais que ça va encore rater… »

« Je n'y arriverai jamais… » etc., etc.

Ces pensées négatives influencent les réactions du corps. Et, bien sûr, pas dans le bon sens.

L'angoisse, associée à ces pensées, va entraîner des réactions physiques de stress qui accélèrent l'éjaculation. Si c'est très rapide, la fois suivante, les pensées seront peut-être encore plus négatives, et cela empirera.

Si vous vous rendez compte que vous ruminez pendant ou avant l'amour, que vous vous parlez à vous-même pour vous « démolir », alors, faites votre possible pour enclencher un changement dans cette spirale.

Il faut s'entraîner à bloquer ces pensées négatives. Il s'agit de les remplacer volontairement par des pensées plus adaptées.

Ces pensées ne doivent surtout pas être des pensées mensongères, en contradiction avec ce que vous ressentez. Jamais, par exemple : « Je suis le meilleur » ; « Je suis un surhomme », ou encore : « Je suis l'amant dont rêvent toutes les femmes ». Ce doit être tout simplement des phrases intérieures correspondant à la réalité, comme :

« Je sais que mon corps en est capable. » Si vous savez que vous avez déjà eu des rapports satisfaisants.

« Je suis tellement motivé que je suis sûrement capable d'améliorer mes performances. »

« Je vais faire mon possible pour sentir un léger progrès. »

Lorsque vous aurez progressé, vous pourrez adopter des mots encore plus positifs, qui, toujours, doivent refléter ce que vous ressentez.

« Je sais qu'elle prend plus de plaisir qu'avant, et que je peux encore m'améliorer. »

« Je sens que mon corps est en train d'apprendre à faire durer le plaisir. »

« J'ai confiance en moi, je vais y arriver… »

C'est, bien sûr, à vous de trouver la ou les phrases qui correspondent à votre état d'esprit.

Si vous ne trouvez aucune phrase un peu positive qui vous convienne, vous pouvez simplement décider de bloquer les pensées négatives, sans les remplacer par des pensées plus positives. Il suffit alors de choisir quelque chose à vous dire dans votre tête, même si cela n'a rien à voir avec l'éjaculation.

Par exemple, vous pouvez fredonner l'air et les paroles d'une chanson, ou penser quelque chose à propos de votre partenaire (ex. : que sa peau est douce…).

Car on ne peut pas penser à deux phrases en même temps. Et, lorsque votre canal auditif interne est saturé par des pensées, toutes les autres sont bloquées pendant ce temps.

Si vous trouvez ces exercices difficiles, et si vous sentez que vos pensées intérieures sont très nocives pour vous, alors vous pouvez consulter un médecin qui pratique les thérapies comportementales et cognitives. Ce type de thérapie vous aidera à changer.

Vous pouvez demander une liste des praticiens en contactant l'AFTCC, association française de thérapies comportementales et cognitives au
100 rue de la Santé 75 014 Paris.
Tél. : 01 45 88 78 60.

7.

ET S'IL FALLAIT TRAITER VOTRE PARTENAIRE...

Parfois, le problème ne se situe pas où on l'imagine : c'est bien l'homme qui présente le symptôme gênant, l'éjaculation prématurée, mais l'origine de ce symptôme est plutôt à rechercher chez sa partenaire. Car, l'attitude et les réactions de la partenaire influencent beaucoup le comportement sexuel masculin. L'inverse aussi serait vrai, bien entendu !

Lubrification insuffisante

Une femme peut avoir une lubrification vaginale assez faible. Les frottements, lors de la pénétration, sont alors bien plus importants. Chez un homme qui a tendance à éjaculer trop rapidement, ce peut être un facteur favorisant.

Pourquoi une femme a-t-elle une lubrification insuffisante ?

Le manque de désir, d'excitation sexuelle

Cela suffit à bloquer la lubrification. Car le vagin s'humidifie lorsque la femme éprouve du désir. C'est exactement le même phénomène que l'érection chez l'homme.

Alors, une femme devrait faire l'amour si seulement elle ressent du désir, ou du moins, si son désir vient au cours des préliminaires. Ainsi, son corps sera prêt. Faire durer les caresses préliminaires est souvent indispensable. Des études montrent que les femmes auraient besoin de trois fois plus de préliminaires que les hommes pour arriver au même degré d'excitation ! Alors, le traitement est facile !

La période après l'accouchement et pendant l'allaitement

C'est un moment très particulier dans la vie d'une femme. On observe souvent une sécheresse vaginale qui peut quand même durer plusieurs mois. C'est normal, à cause des chamboulements physiques de la grossesse, de l'accouchement et de l'allaitement.

Utiliser des lubrifiants, prendre le temps pour les préliminaires, et faire preuve de patience sont les solutions logiques.

La préménopause et la ménopause

Les hormones ne sont plus fabriquées par le corps de la femme de la même manière. Les estrogènes ont tendance à manquer. Cela provoque les fameuses bouffées de chaleur, mais aussi une sécheresse vaginale.

Un traitement hormonal substitutif peut redonner au vagin son fonctionnement habituel. Mais je souligne ici aussi l'importance des préliminaires.

Et si une femme ne prend pas de traitement hormonal pour la ménopause, elle peut prendre un traitement hormonal local (ovules vaginaux), qui permet de conserver un vagin qui se lubrifiera bien au cours des rapports.

Une chose intéressante à savoir : après la ménopause, des rapports sexuels fréquents entretiennent une bonne réactivité du vagin. Si les rapports s'espacent, la lubrification se fera moins bien au fil du temps.

Traitement hormonal

Certaines pilules peuvent aussi entraîner quelques problèmes de ce type. Dans ce cas, il faut oser en parler au gynécologue pour savoir si la pilule prescrite peut être mise en cause.

Muscles du périnée insuffisamment détendus

Certaines femmes, lorsqu'elles appréhendent le rapport sexuel, ont un réflexe d'hyper-contraction des muscles du vagin. Le vagin est alors très resserré. Dans les cas extrêmes, la pénétration est même impossible. On dit alors que cette femme présente un vaginisme.

Et, avec un vagin trop contracté, lorsque la pénétration est quand même possible, les frottements peuvent sembler très forts, trop forts, au partenaire. Surtout si ce resserrement s'accompagne d'une faible lubrification.

Il faut alors que cette femme consulte. Peut-être un sexologue, un psychologue, un psychiatre psychothérapeute... Car c'est une question purement psychique, pas du tout une maladie physique. Il faut absolument apprendre le lâcher-prise, la confiance, l'acceptation de la sexualité...

Bien sûr, il est rare en pratique qu'un léger vaginisme soit à l'origine d'une éjaculation trop rapide. Mais cela existe.

Attitude inadéquate de la partenaire

Julien était marié depuis plus de dix ans. Il a divorcé et est venu consulter à cause de son éjaculation trop rapide. Cela posait des problèmes dans son ancien couple, et il ne voulait pas que cela se reproduise. Il voulait cette fois mettre toutes les chances de son côté.

Le résultat : idéal ! Il a rencontré Sarah, et tout s'est bien passé. Et il me dit : « Je pense que vous m'avez certainement aidé. Mais je me rends compte que mon problème venait aussi en grande partie de mon ex-femme. Elle disait souffrir de mon éjaculation précoce mais elle faisait tout le contraire de ce qu'il aurait fallu !

Elle n'aimait pas les préliminaires. Avec elle, il fallait aller droit au but. Elle ne voulait que des mouvements de va-et-vient rapides et profonds. Pas question de ralentir, et de faire l'amour tout doucement pendant un moment. En plus, elle ne voulait surtout pas que je m'arrête quand je sentais l'excitation monter. Alors, vous comprenez que c'est difficile de ne pas éjaculer très vite dans ces conditions.

Finalement, j'étais toujours en situation d'échec, et ma femme n'était jamais contente. Si j'éjaculais trop vite, pas contente ; si je ralentissais, pas contente ; si je m'arrêtais, pas contente. C'était un stress permanent. Le pire, c'est que je ne m'en rendais pas vraiment compte. Car je n'avais pas de point de comparaison.

Maintenant, avec Sarah, c'est le jour et la nuit ! Elle aime les préliminaires, elle aime aussi quand les mouvements sont doux. Et, quand je m'arrête, ça ne l'ennuie pas du tout. Alors, tout est plus facile, et plus agréable aussi. Et, bien sûr, elle aime aussi quand ça va plus vite, mais pour elle, ce n'est pas une obligation. Alors, je suis vraiment heureux, et faire l'amour est redevenu un plaisir. »

Peut-être que Julien n'aurait jamais eu d'éjaculation précoce s'il avait, dès la première fois, rencontré une femme comme Sarah. Mais on ne le saura jamais. Je ne sais pas si je l'ai beaucoup aidé. Peut-être surtout à prendre confiance en lui, et pouvoir rencontrer une autre femme sans trop d'appréhension. Mais ce qui est sûr et certain, c'est que Sarah, elle, l'a énormément aidé.

J'ai interrogé Julien sur son ex-femme. D'après ce qu'il m'en a dit, il semblerait qu'elle ait plutôt « péché » par ignorance du fonctionnement masculin. Peut-être aussi avait-elle une trop grande affirmation de ses désirs sans prendre en compte ceux de son mari.

L'amour et la sexualité doivent toujours rester un échange. Si l'un des deux partenaires veut imposer son rythme, tout le monde y perd.

Lorsque l'éjaculation précoce arrange la partenaire

Régis : « J'ai, depuis toujours, un problème d'éjaculation. Je ne peux pas du tout la retarder. Elle survient à peine une minute après la pénétration. J'en ai vraiment honte vis-à-vis de ma femme. Ce n'est pas drôle pour elle, la pauvre. Elle n'a jamais eu d'orgasme vaginal, mais c'est normal vu le temps limité de la pénétration.

Du coup, je me sens toujours en dette envers elle. Je fais tout ce que je peux pour compenser cela. Quand elle veut quelque chose, je me coupe en quatre pour la satisfaire, que ce soit pour un cadeau, un lieu de vacances, une sortie... »

L'épouse de Régis n'a pas du tout voulu l'aider à améliorer ce contrôle de l'éjaculation. Pourtant, elle s'en plaignait haut et fort.

Il faut dire que cette situation présentait pour elle presque trop d'avantages ! Un mari aux petits soins. Un mari se sentant toujours en dette, et qui la traitait comme une reine. Peut-être pensait-elle en plus qu'avec cette éjaculation précoce, son mari ne risquait pas d'aller voir ailleurs, de la tromper. Donc, avec tellement d'avantages, on se demande : pourquoi vouloir changer ce qui marche si bien ?

La femme de Régis a toujours saboté toutes les tentatives d'amélioration de leur sexualité.

Ce n'est pas pour autant une femme abominable, elle n'a pas vraiment conscience de tout cela.

Cette relation où le mari adopte un profil bas, et laisse à son épouse la position dominante n'est pas saine du tout. Mais les deux partenaires y participent. Ce n'est pas parce que son éjaculation est rapide que Régis ne vaut rien et que sa femme vit un calvaire ! Il ne lui doit rien de plus que ce qu'un homme doit à sa femme. Et bien des hommes ont d'autres défauts bien plus graves.

Le mieux, pour Régis et Claire, serait de consulter un thérapeute de couple, ou un conseiller conjugal. Et de mettre tout cela à plat. Ensuite seulement, le changement sexuel pourra se faire objectivement, et sera sans doute facile à ce moment-là.

Je viens de citer quelques cas dans lesquels la femme participe énormément à l'installation ou à l'ancrage d'une éjaculation prématurée chez son partenaire. Mais c'est très loin d'être exhaustif. Car il y a autant de situations particulières que de couples.

Il s'agit plutôt pour moi de vous aider à ouvrir votre réflexion pour que, peut-être, vous aperceviez des facteurs dont vous n'aviez pas conscience jusqu'ici.

3e PARTIE

LES PROBLÈMES PSYCHOLOGIQUES

8.

LES CAUSES PSYCHOLOGIQUES DE L'ÉJACULATION PRÉMATURÉE

Les causes de l'éjaculation prématurée peuvent être plus psychologiques.

Tout d'abord, l'anxiété est presque toujours présente. Certains (Wolpe) pensent que l'anxiété elle-même peut être à l'origine de cette éjaculation prématurée. En effet, elle active le système sympathique qui participe au déclenchement de l'éjaculation. D'autres pensent plutôt que l'anxiété est un facteur supplémentaire qui s'ajoute, et non l'origine première de l'éjaculation prématurée (Kaplan).

Pour la psychanalyse, l'éjaculateur prématuré utiliserait inconsciemment ce fonctionnement pour priver sa partenaire du plaisir sexuel. Il projetterait sur elle les conflits intrapsychiques dirigés au départ vers sa mère. Ces conflits auraient leurs racines dans l'enfance, à une phase particulière du développement psycho-sexuel.

Actuellement, ces théories sont un peu laissées de côté, car il est peu probable que des troubles profonds soient à l'origine de l'éjaculation prématurée, vu le nombre d'hommes impliqués, et vu l'absence habituelle de névroses apparentes. Certains sexologues ont même pu dire : « L'éjaculation prématurée a plus rapporté aux psychanalystes que la psychanalyse n'a apporté aux éjaculateurs prématurés. »

Un médecin rencontre bien des hommes souffrant d'éjaculation prématurée et présentant un problème psychique associé. Mais ce n'est pas ce qui est le plus fréquent.

En voici quand même quelques exemples.

Manque de motivation

Pour Richard, tout va bien. La vie est belle. Il a la quarantaine, en pleine forme, il trouve qu'il a une femme adorable avec laquelle il s'entend à merveille, deux enfants pour qui tout va bien aussi, un métier qui le passionne (il est avocat). Il réussit aussi bien qu'on peut le souhaiter dans son travail, il possède une grande maison agréable...

La seule chose qui l'ennuie, c'est une éjaculation trop rapide. Mais il avoue que cela ne met pas du tout en péril sa relation de couple, car son épouse, Dominique, est très compréhensive. Cela la gêne un peu, mais pas tant que ça finalement.

« D'ailleurs, ajoute Richard, nous envisageons d'avoir un troisième enfant. Nous en avons vraiment envie. » Il me parle de ce désir d'enfant pour bien me montrer que son couple n'est pas du tout obnubilé par ce problème sexuel. C'est plutôt, pour eux, un léger désagrément.

Il me semble alors que tout est vraiment idéal, toutes les meilleures conditions sont réunies pour obtenir de très bons résultats dans le traitement de l'éjaculation prématurée.

Or, les faits vont démentir mon optimisme. Je suis ce couple un certain temps sans que les choses s'améliorent. Ni Richard, ni Dominique ne semblent tellement affectés par ce manque évident de résultats. C'est moi, le médecin, le plus déçu.

Que se passe-t-il ? Ni Richard, ni Dominique ne s'investissent beaucoup dans le traitement. Ils ne pratiquent quasiment aucun exercice prescrit, ou alors, une fois en passant. Ou bien ils me disent : « Cette semaine, nous n'avons pas eu le temps, nous étions trop occupés. »

Je leur ai simplement conseillé de ne pas continuer de traitement, car cela ne leur servait strictement à rien. Évidemment, si vous ne faites rien, rien ne change !

Leur cas n'est pas pour autant désespéré.

Il est nécessaire d'attendre de se sentir vraiment gêné pour consulter. Car il faut un « stock » de motivations suffisant. C'est pour cela que nous recevons souvent en consultation des hommes qui ont depuis longtemps une éjaculation prématurée : plusieurs années ou plusieurs dizaines d'années. Et, s'ils ont attendu, c'est qu'il leur fallait ce temps pour rassembler suffisamment de motivations.

Le manque de motivation n'est pas la cause première de l'éjaculation prématurée, mais il contribue à l'entretenir, et à empêcher le changement.

Être toujours pressé, aller trop vite pour tout

Jacques a trente ans. C'est un bel homme, grand, blond, d'apparence calme et tranquille. Il est peintre, c'est un artiste. Il vit avec Valérie, vingt-six ans, depuis deux ans. Il parle très vite avec un débit de paroles un peu haché, il avale les mots, à tel point qu'il est parfois difficile de le suivre dans ses explications.

Il vient consulter pour un problème d'éjaculation rapide. Il me dit : « J'ai tendance à être toujours pressé, à me dépêcher, alors qu'avec mon métier, je pourrais facilement prendre tout mon temps. Par exemple, si j'ai un rendez-vous avec quelqu'un à onze heures du matin, je vais partir à dix heures un quart, même si je sais qu'il me faut une heure pour arriver au lieu du rendez-vous. Et comme cela, pendant tout le trajet, je rumine, je me parle à moi-même, je me dis : vite, vite, dépêche-toi, tu vas être en retard. Et je m'énerve de plus en plus contre moi, et face à la moindre contrariété. J'ai l'impression que tout le monde s'est ligué pour m'empêcher d'arriver à l'heure à ce rendez-vous. Donc, si une voiture ne démarre pas instantanément au feu rouge, je m'énerve, si un piéton traverse trop lentement, je m'énerve, et si un camion-poubelle est devant moi et me ralentit, imaginez mon humeur !...

En fait, je sais très bien que c'est ma faute si je suis en retard, et si je suis parti de chez moi trop tard. Toujours, je me mets en situation d'être juste en retard, comme ça je suis obligé de me dépêcher. Si j'étais en avance, je serais tranquille, et si j'étais carrément très en retard, de toute façon, je serais en retard, et donc je n'aurais aucune chance de rattraper ce retard. Je serais alors bien obligé de l'accepter. Tandis que, si je suis dix minutes ou un quart d'heure en retard, je peux espérer rattraper une partie de ce retard, c'est-à-dire arriver quand même presque à l'heure.

C'est un peu comme si j'avais besoin de stress ! Comme si j'avais besoin de m'inquiéter pour que cela me stimule. Et si jamais, pour une fois, je pars à l'heure, je vais traîner, me dire que j'ai tout mon temps, j'en profite pour acheter le journal, ou pour faire le plein d'essence, et je me remets encore dans la même situation que d'habitude.

Et c'est souvent pareil quand il s'agit de mon travail. Si j'expose dans une galerie dans six mois, si j'ai des commandes de tableaux à honorer, je m'y prends à chaque fois un peu trop tard. Je subis alors une pression terrible. Et, même si cela me donne des sueurs froides, je recommence la fois d'après. Il faut dire que quand j'étais enfant, ma mère était toujours après moi, à me dire : dépêche-toi, dépêche-toi, plus vite, plus vite... Maintenant, je n'ai plus besoin d'elle. Je me dis moi-même toute la journée : vite, vite, dépêche-toi... »

Le problème de Jacques est celui d'une éjaculation rapide. C'est pourquoi il ne m'a parlé de ce trait de caractère qu'après deux entretiens, en répondant à mes questions. Un élément m'a orienté : c'est la manière de parler de Jacques. Il ne bégaie pas du tout, mais les mots se bousculent. Il a un débit de paroles tellement rapide qu'il bute parfois sur un mot. On sent que ses idées sont tellement en ébullition que l'expression a du mal à suivre.

L'éjaculation rapide de Jacques a certainement plusieurs causes. L'une de ces causes est très probablement ce trait de caractère qu'il vient de décrire. En effet, chez certains hommes, on observe un besoin de vivre continuellement sous pression, stressé, tendu, pour réaliser ce qu'ils veulent réaliser. Tout se passe comme si ce stress était un stimulant. Pour un homme de ce type, la décharge d'adrénaline enclenchée par cette anxiété lui donne l'énergie pour faire ce qu'il veut faire.

Dans ce cas, deux problèmes se posent :

— Côté sexualité, le stress stimule le système sympathique et accélère la survenue de l'éjaculation.

— Une personnalité habituée à vivre sous la pression du temps, et qui a toujours devant elle un temps limité, un temps toujours trop bref, aura naturellement tendance à fonctionner comme ça dans tous les domaines, y compris le domaine sexuel. C'est pourquoi, un homme comme Jacques va faire l'amour comme si le temps lui était compté. Et cela même si, dans son esprit, il a vraiment envie de prendre son temps, de profiter de ce moment de plaisir. Son corps, son esprit le poussent inconsciemment à réagir le plus vite possible comme ils en ont l'habitude. On peut presque dire que Jacques subit tous les jours un entraînement pour continuer à être éjaculateur prématuré ! Sans le vouloir, et sans en avoir conscience, bien sûr.

Que faire ?

- Un traitement médicamenteux peut agir sur la sexualité et rendre le réflexe de l'éjaculation moins sensible au stress. Ce type de traitement peut aider pour commencer, mais ne peut suffire à changer la situation durablement et en profondeur.
- S'entraîner dans la vie de tous les jours à changer de comportement. En effet, un comportement que vous adoptez dans un domaine aura tendance à glisser vers d'autres domaines. Cela signifie que le comportement de Jacques dans sa vie courante a pu « contaminer » sa vie sexuelle. Mais cela signifie aussi que si ce comportement dans la vie de tous les jours change dans un sens positif, alors la vie sexuelle sera aussi influencée positivement par ce changement.

Il s'agit donc, concrètement, de se dire : « Je dois arriver dix minutes en avance à ce rendez-vous. » Alors, sur le trajet, le stress, l'anxiété sont très différents, et vous profitez bien plus des petits détails de la vie.

On peut aussi demander à Jacques de préparer un tableau pour la fin août alors qu'il n'est attendu que pour fin septembre.

L'essentiel, au début, c'est de se fixer de petits buts, faciles à atteindre, et peu nombreux. En effet, il est absolument impossible de changer d'attitude instantanément lorsqu'une manière de faire est ancrée depuis longtemps et profondément. C'est seulement progressivement que vous pouvez changer. Et, un jour, vous vous apercevez que, sans y penser, vous êtes arrivé détendu, et un peu en avance à un rendez-vous. Ce jour-là, vous savez que vous avez vraiment changé.

Car au début, vous êtes obligé de vous forcer, de vous faire violence pour changer. Ensuite, votre corps apprécie le progrès et adopte le changement. Alors, à ce moment, vous pourrez observer ce nouveau comportement diffuser vers d'autres domaines, et en particulier votre sexualité.

Exemples d'exercices pour vous entraîner à changer
Il s'agit de choisir, ou d'imaginer ceux qui seront assez faciles à faire évoluer, et qui représentent cependant un réel changement.

— Apprendre à manger doucement, à bien mâcher, profiter de la saveur de chaque aliment, c'est-à-dire changer une attitude de gloutonnerie.

— S'entraîner à prendre le temps de se doucher en profitant des sensations du corps, de la bonne température de l'eau, d'un jet plus ou moins puissant, du plaisir de faire mousser le savon, et de bien se nettoyer dans tous les petits recoins, sans rien oublier, et surtout ne pas chronométrer la durée de ce moment !

— S'entraîner à marcher tranquillement, en profitant de tout ce qui se passe autour de vous.

— Se laver les dents en trois minutes, et non plus en quelques secondes.

Perte de confiance, méfiance envers les femmes

Pierre a quarante-cinq ans. Il est directeur d'une école supérieure privée. Un soir, comme d'habitude, il rentre chez lui. Il trouve la maison vide. Sa femme est partie avec leurs quatre enfants, en lui laissant un mot. Elle a rencontré quelqu'un d'autre, et part vivre avec cet homme.

Pierre est effondré, blessé. « Nous nous sommes toujours bien entendus. Je ne m'attendais pas du tout à ce départ. En plus, elle m'a privé du contact avec mes enfants. » Pierre fait une terrible dépression. Il est même hospitalisé quelque temps. Puis, il se remet doucement de cette épreuve.

Deux ans plus tard, il rencontre Nathalie. Ils s'entendent bien. Mais, sexuellement, ce n'est pas formidable. « J'éjacule extrêmement vite », explique Pierre. « Je n'avais jamais eu ce problème auparavant. Mais je sais parfaitement d'où ça vient. Je n'ai plus du tout confiance, même en Nathalie. Je sais maintenant qu'une femme est capable de tout. Même de vous laisser comme ça sans prévenir, après des années heureuses. Alors, pendant les rapports, je ne peux pas vraiment me laisser aller. J'ai comme une angoisse au fond de moi. Comme si je m'attendais à ce que Nathalie me fasse un sale coup ! Je sais pourtant qu'elle ne ressemble pas à mon ex-femme. Mais je ne peux pas m'empêcher de ressentir une méfiance. »

Pour Pierre, un travail psychologique est nécessaire. Et ce n'est pas spécifiquement un travail sexologique. C'est bien plus global que ça. Il a besoin de retrouver confiance en lui, en sa valeur, et de pouvoir donner de nouveau sa confiance et son amour. Après une blessure, le cœur est naturellement plus méfiant.

Peur de s'engager

Mathieu a presque trente ans. Il vient consulter pour une éjaculation précoce.

« J'aurais pu venir avant, car c'est mon problème depuis toujours. Mais ce n'est pas du tout systématique. Parfois, ça va très bien, et à d'autres moments, pas du tout. Ce qui se passe, c'est qu'avec certaines filles, j'ai une éjaculation précoce, même parfois avant la pénétration, et avec d'autres, pas du tout. »

Après trois séances d'hypnose, Mathieu dit : « Je sais enfin ce qui se passe. Cela m'est venu tout à coup chez moi, et pas du tout pendant une séance avec vous. En fait, jusqu'ici, je ne voulais surtout pas m'engager avec une fille. Je ne voulais pas vivre en couple, ni me marier, ni avoir des enfants. Alors, quand je sortais avec une fille qui ne me plaisait qu'à moitié, sexuellement, ça marchait très bien. Le rapport durait longtemps, et très facilement pour moi.

Au contraire, si je rencontrais une fille qui me plaisait vraiment, une fille à laquelle j'aurais pu m'attacher, j'avais une éjaculation très, très rapide, systématique. Alors, je rompais la relation, car j'avais honte de cette performance sexuelle. Je me rends compte maintenant que, grâce à cette éjaculation précoce, j'ai pu facilement éviter de m'engager dans une liaison que je ne souhaitais pas. C'est comme si mon corps s'était arrangé pour me faciliter la liberté !

Et, du coup, je comprends aussi pourquoi je viens vous voir maintenant. C'est parce que je me sens prêt à m'engager. J'ai maintenant envie d'une vie de couple, et j'ai rencontré une fille. J'espère former un couple solide avec elle, j'ai envie de faire des projets. Alors, cette éjaculation rapide m'ennuie vraiment pour la première fois. Je veux que ça cesse. Car je veux que ma relation avec Jeanne dure. »

Mathieu doit faire changer le comportement de son corps pour qu'il soit en harmonie avec son cœur et son intelligence. Son corps a été habitué à fonctionner d'une manière satisfaisante. Mais, avec le temps, ce même fonctionnement n'est plus satisfaisant, puisque les données ont changé : Mathieu souhaite maintenant s'engager dans une relation durable.

Il y a un travail à faire pour aider son corps à assouplir ce comportement. Il est parfaitement capable de le faire, puisque, lors de liaisons peu importantes pour lui, Mathieu n'était jamais contrarié par une éjaculation prématurée. Son corps a donc le potentiel pour contrôler son éjaculation.

Peur du plaisir féminin

Alexandre a cinquante-cinq ans. Il n'avait jamais eu de problème d'éjaculation précoce jusqu'à ces derniers temps. Et puis, il y a quelques mois, son éjaculation est devenue très rapide, incontrôlable. Il trouve cela bizarre d'être tout à coup confronté à un problème de jeune débutant ! Mais, en fait, il sait très bien ce qui lui arrive.

« Ma femme n'avait jamais eu d'orgasme. Je le savais, mais ce n'était pas gênant dans notre relation. Car elle a toujours aimé faire l'amour, et même sans aller jusqu'à l'orgasme, elle éprouvait beaucoup de plaisir.

Et puis, voilà la ménopause qui arrive. Ma femme se met à avoir des orgasmes ! C'est une bonne nouvelle, bien sûr, mais moi, j'ai réagi bizarrement. J'ai tout à coup senti une grosse responsabilité. Comme si je me disais : quoi ! c'est moi qui provoque ces réactions ! Et je dois avouer que ça m'a fait très peur. Je ne sais pas pourquoi ! Parce que dans le fond, je suis content de ce changement. »

Le corps d'Alexandre sait parfaitement contrôler son éjaculation. C'est cette peur qu'il ressent qui entraîne ce réflexe éjaculatoire inhabituellement rapide. Il a besoin d'un changement psychologique. De faire diminuer son anxiété, d'accepter l'évolution de son épouse.

J'ai fait une dizaine de séances d'hypnose à Alexandre, et tout est rentré dans l'ordre.

Ces différents cas sont simplement des exemples. Ils peuvent donner une idée de certains fonctionnements psychologiques entraînant une éjaculation prématurée.

Et ces quelques histoires ne font pas le tour complet des origines psychologiques de l'éjaculation prématurée. Car ces causes psychologiques sont innombrables. Chaque homme est différent, avec un caractère différent, une histoire différente, des peurs différentes, une partenaire différente... Alors, son fonctionnement psychique se met en place d'une façon toujours très personnelle.

Et, dans ces cas-là, les solutions sont certainement à rechercher dans une psychothérapie plus que dans des exercices ou des médicaments.

Mais je pense que les cas où une problématique personnelle est la principale origine d'une éjaculation prématurée sont vraiment minoritaires.

9.

LES TRAITEMENTS PSYCHOLOGIQUES

Parfois, aucun traitement n'est efficace, ni les exercices à faire seul, ni les exercices en couple, ni les médicaments. Alors, il est peut-être temps de penser à travailler sur le psychisme.

Il existe actuellement énormément de types de psychothérapie. Certaines conviennent mieux que d'autres au traitement de l'éjaculation rapide.

La psychanalyse

Une psychanalyse ne me semble pas particulièrement adaptée. J'ai vu de nombreux hommes ayant fait une analyse parfois très longue. Certains ont énormément retiré de ce travail. Mais tout le monde me dit : « J'ai appris beaucoup de choses, mais mon éjaculation fonctionne toujours de la même manière. »

On pourrait aussi prétendre que ceux qui vont très bien après leur analyse ne viennent plus consulter !

Les méthodes qui agissent sur l'anxiété

L'anxiété, l'angoisse anticipant l'échec sont presque toujours présentes. Tout ce qui peut contribuer à les faire diminuer va faciliter un bon fonctionnement sexuel, une bonne aptitude au lâcher-prise. (Attention, les médicaments anxiolytiques sont totalement inefficaces.)

On peut pratiquer la relaxation, la sophrologie, le yoga, l'hypnose, la méditation…

Alexis vient me voir pour « guérir » son éjaculation prématurée. Il me prévient qu'il ne veut prendre aucun médicament, et qu'il ne souhaite pas non plus faire d'exercices en couple.

Je suis étonnée de ces exigences. Puis il m'explique : « Je suis chef d'entreprise. J'ai eu une période très difficile à mon travail. Je pensais que j'allais peut-être devoir mettre la clef sous la porte. J'étais terriblement stressé. Alors, je me suis acheté un livre sur la pratique de la méditation transcendantale. Et, tous les jours, entre midi et deux, j'ai fait une séance de méditation d'une demi-heure environ.

Au bout de quinze jours, j'étais plus détendu, mais surtout, l'éjaculation précoce dont je souffrais depuis toujours avait complètement disparu ! Et, pendant les trois mois où j'ai pratiqué assidûment la méditation, c'était vraiment bien sexuellement.

Ensuite, comme mon entreprise a redémarré, j'ai arrêté la méditation et, en quelques semaines, j'ai recommencé à éjaculer trop vite.

Je viens donc vous voir parce que je sais que vous pratiquez l'hypnose, et je pense que c'est ça qui pourra m'aider. Je sais que je n'ai aucun besoin de médicaments ni d'exercices de couple. »

Alexis a donc réussi seul à trouver la solution pour faire durer longtemps ses rapports. Et, ce qui est intéressant, c'est que le but de sa méditation était simplement de le détendre. Il n'y avait pas de stratégie axée sur la sexualité. C'est donc qu'une action sur l'anxiété elle-même peut parfaitement suffire à obtenir un résultat.

Les thérapies corporelles

Personnellement, je n'en ai pas l'expérience, mais elles peuvent certainement être adaptées. Car si l'éjaculation prématurée est une manifestation physique de stress psychique, alors, une approche corporelle répond bien à la manière de fonctionner du patient.

La musicothérapie

Là encore, je n'en ai aucune expérience, mais certains de mes collègues m'ont fait part de résultats intéressants.

L'hypnose

C'est la méthode pour laquelle je suis le plus enthousiaste puisque j'ai choisi de la pratiquer.

Je sais que certains thérapeutes y sont hostiles, mais il me semble évident que c'est parce qu'ils ont une idée complètement erronée de ce qu'est l'hypnose.

Moi aussi, quand un collègue sexologue et psychiatre (le docteur Bernard Boutot de Montpellier) m'a parlé d'hypnose, j'étais plus que sceptique ! Il m'a, par son enthousiasme, convaincue d'assister à un congrès d'hypnose. Après ce congrès, je me suis dit que je ne pouvais pas ne pas me former à l'hypnose. Cela fait maintenant plus de huit ans que je pratique tous les jours, et je continue à être émerveillée par les résultats obtenus.

En hypnose, nous utilisons un état modifié de conscience pour travailler. Ce n'est pas du tout un état de coma, ni d'inconscience. C'est plutôt quelque chose qui ressemble à l'état de rêverie de tous les jours : comme quand vous êtes dans la lune, et que vous ne faites pas attention à ce qui se passe autour de vous.

Vous restez parfaitement conscient, et vous vous souvenez de tout.

Nous ne travaillons pas spécialement comme on le pense souvent à rechercher des souvenirs oubliés. Nous cherchons à provoquer des changements bénéfiques, à favoriser la mise en place d'un nouveau système de fonctionnement mieux adapté.

Comment se passe une séance ?

Le patient est en position assise, allongée ou semi-assise, comme il préfère. Le plus souvent, il ferme les yeux, encore que ce ne soit pas obligatoire.

Le thérapeute parle, lui demande d'écouter ou de ne pas écouter si ses pensées vagabondent. Parfois, on demande aussi de parler, de répondre à des questions, de se concentrer sur des sensations... C'est presque toujours un moment très agréable.

Jamais le thérapeute ne cherche à manipuler un patient dans une direction qu'il aurait choisie. Il laisse toujours le patient trouver, choisir, décider de ses propres changements, aller vers les solutions qui lui conviennent à lui.

La séance dure environ une demi-heure. Ensuite, on se sent détendu un peu comme après une sieste, mais sans avoir dormi.

Personnellement, je préconise de faire trois séances à une semaine d'intervalle, puis de faire une ou deux séances espacées de quinze jours. Après ces cinq séances, on fait un bilan.

S'il y a déjà des changements, mais qu'on les juge

insuffisants, on poursuit les séances en les espaçant à trois semaines.

S'il n'y a aucun changement, on arrête les séances.

Si le problème est résolu, bien sûr, on arrête les séances, que ce soit après la première ou la cinquième séance.

Je demande systématiquement à mes patients d'écouter chez eux une cassette d'autohypnose qui va faciliter le travail, et l'activer, l'accélérer.

Que peut faire l'hypnose ?

Le lâcher-prise

L'hypnose entraîne le corps à **lâcher-prise**, à se laisser aller. Pour que la sexualité soit simple et naturelle, se laisser aller est indispensable. D'ailleurs, parfois cela suffit. Surtout lorsque c'est l'angoisse de la performance, la hantise de l'échec qui bloque tout.

Provoquer les changements

Mais, en hypnose, nous travaillons aussi à **provoquer des changements**. Pour cela, il s'agit de faire des suggestions indirectes. Ce sont des suggestions de changements, très discrètes, qui sont toujours proposées et jamais imposées au patient. D'ailleurs, seules les suggestions acceptées en profondeur peuvent avoir un effet durable sur le changement.

Les métaphores

Ce sont des suggestions très utilisées en hypnose. Le thérapeute raconte une histoire imagée au patient pour lui montrer qu'il est possible de fonctionner différemment.

Par exemple, il y a environ deux semaines, un patient me parlait d'une fête, une kermesse. Alors, pendant sa séance d'hypnose, je lui ai parlé de ces lâchers de ballons, quand une fête se termine, un peu comme un feu d'artifice final. Ces ballons sont très légers, gonflés à l'hélium, et ils n'ont qu'une envie, c'est de s'envoler. Ils tirent vers le haut, et il faut les tenir solidement pour ne pas qu'ils s'envolent. Tout le monde tient son ballon, et doit attendre le signal pour le laisser partir. Et, lorsque le ballon s'envole, il est heureux, car il était pressé de partir, d'aller vers le ciel (peut-être le septième ciel !)... Mais, c'est bien plus beau si tout le monde est assez patient pour attendre le bon moment. C'est alors un très beau spectacle de voir tous ces ballons de toutes les couleurs emplir le ciel. On peut même accrocher à son ballon un message. Et le ballon emporte avec lui ce message pour celle qui le trouvera.

En même temps, je pensais que les spermatozoïdes ressemblent à ces ballons, avec leur corps ovale et leur longue queue ! Et, le moment où, ensemble, on lâche la ficelle, correspondrait à l'éjaculation.

Ce qui est amusant, c'est que mon patient qui souffrait d'une éjaculation très prématurée m'a dit : « J'ai réussi, mais j'ai eu du mal ! J'avais vraiment envie de laisser filer ce ballon plus vite. Mais j'ai réussi à m'accrocher jusqu'au bout ! »

Je ne parle pas à mon patient du lien entre cette métaphore et son problème. La plupart du temps, il ne voit pas du tout le rapport. Je pense à un patient qui me disait : « Mais, vous ne m'avez pas du tout parlé de mon problème pendant la séance d'hypnose. Je me demande même si vous vous rappelez pourquoi je viens vous voir ! »

C'est le cerveau inconscient qui utilise à sa manière les métaphores. Il fonctionne de manière analogique plus que de manière analytique. C'est pour cela qu'il comprend très bien ce langage imagé qui l'aide à trouver une manière de changer bien adaptée.

Action sur l'autohypnose négative

C'est D. Araoz, un sexologue américain, qui a développé cette idée d'autohypnose négative. Il s'agit d'un processus répétitif consistant à cultiver les images, les pensées, les représentations négatives et défaitistes.

Nous travaillons à faire changer ce fonctionnement très paralysant pour le fonctionnement sexuel. Ici, nous rejoignons ce qui peut se faire en thérapies comportementales et cognitives.

Contourner les résistances

Si notre patient ne voit pas sa sexualité s'épanouir telle qu'il la souhaite, c'est souvent parce qu'il a des résistances à fonctionner autrement. L'équilibre habituel (en éjaculation prématurée), même non satisfaisant, présente des avantages qui freinent le changement.

En plus, ce changement, même souhaité, risque d'apporter des inconvénients qui, eux aussi, freinent le changement.

Il existe donc des résistances au changement. Quand le corps est habitué à fonctionner d'une certaine manière, il hésite toujours à changer. Il est très fidèle à ses habitudes.

Notre travail consiste alors à assouplir ces résistances pour qu'un nouveau fonctionnement se mette en place.

La distorsion du temps

Il s'agit d'un travail pour débloquer cette hantise du temps : calculer, minuter, compter la durée du rapport.

Travail de mise en situation sexuelle

Il peut s'agir d'un travail de visualisation d'un rapport réussi. Ou, au contraire, d'un rapport raté, pour dépasser cette situation.

Recadrage

Nous évoluons toujours dans un cadre mental. Souvent, nous n'en avons pas conscience. Mais nous nous interdisons de sortir de ce cadre, comme si c'était impossible.

En changeant de cadre, nous pouvons alors nous autoriser des pensées, des comportements, des sensations, des rêves qui nous étaient interdits auparavant.

Stimulation des potentiels positifs

Un homme aura tendance à ruminer tout ce qui ne va pas, à se dévaloriser, alors qu'il a un énorme potentiel de talents et de qualités. Il sait d'ailleurs très bien l'utiliser dans d'autres circonstances, professionnelles par exemple. Et, quand il s'agit d'amour, il se paralyse et se retrouve bloqué, comme s'il n'avait pas accès à toutes ses capacités.

Il suffit de lui demander d'utiliser ce potentiel dans le domaine sexuel, de lui dire : « Vous avez les moyens d'aller très bien, vous en êtes capable. Demandez à votre inconscient de faire circuler ces potentiels. Et ils seront largement suffisants pour vous permettre de changer de fonctionnement. » Je simplifie évidemment, mais l'idée est là.

Je pourrais parler de l'hypnose très longtemps. Si ce sujet vous semble passionnant, vous pouvez lire : *Hypnose et sexologie*, de Daniel L. Araoz (Albin Michel).

Très souvent, avec l'hypnose, nous constatons des changements inattendus. Un homme consulte pour éjaculation prématurée, et il nous dit : « J'arrive maintenant bien plus à m'imposer vis-à-vis de ma femme. Avant, je la laissais décider de tout. »

Ou encore : « J'avais une hypertension que les médicaments contrôlaient très mal. Et depuis que j'ai fait trois séances avec vous, ma tension est redescendue. On a même pu diminuer mon traitement antihypertenseur. »

Ou : « Je supporte bien mieux mon chef de service qui est un type caractériel. »

Ou toute autre chose encore…

Voici des adresses où vous pouvez trouver les coordonnées d'un praticien bien formé à l'hypnose :

Institut Milton H. Erickson de Paris
27 rue Fourcroy
75 017 Paris ; Tél. : 01 39 16 17 72
ou : www.merickson-paris.asso.fr

Institut français d'hypnose
22 rue Rambuteau
75 003 Paris
Tél. : 01 39 57 59 73

Association française d'hypnothérapie
74 rue Lamarck
75 018 Paris
Tél. : 01 42 62 18 70

4e PARTIE

LES RÉSULTATS

Les résultats sont très variables, et très différents selon les hommes. En effet, ils dépendent de beaucoup de facteurs. Ils dépendent de la motivation, c'est peut-être là que réside la plus grande différence. Je pense aux deux patients les plus motivés que j'ai pu suivre.

L'un résidait à l'étranger et m'a dit la première fois que je l'ai vu : « Je suis venu en France avec mon épouse, exprès pour résoudre ce problème, et je ne repartirai que quand il sera résolu. »

Effectivement, il est reparti chez lui à peu près un mois plus tard. Il avait alors des rapports d'une durée tout à fait satisfaisante. Pourtant, il avait refusé de prendre des médicaments. Il a donc suivi un traitement par hypnose.

Le second me dit : « J'ai presque quarante ans ; depuis toujours, je suis ennuyé par une éjaculation précoce, et je viens enfin de rencontrer la femme de ma vie, alors il n'est pas question qu'un problème sexuel vienne tout gâcher. Mon amie est en voyage à l'étranger pour six mois, il faut qu'à son retour je sois opérationnel, et que cette éjaculation prématurée appartienne à mon passé… »

Les mois ont passé, et tout s'est déroulé comme il le souhaitait.

Les résultats dépendent de la partenaire, de son attitude ; ou, évidemment aussi, de l'absence de partenaire. Une partenaire compréhensive, acceptant de participer, d'y mettre du sien fera beaucoup pour améliorer la situation. Une partenaire découragée, ou négative, pourra aller, même sans le vouloir, jusqu'à bloquer complètement la situation.

L'absence de partenaire ne permet pas évidemment d'objectiver le résultat. Mais, même seul, un homme peut très bien réussir à progresser.

Les résultats dépendent aussi des expériences sexuelles antérieures. Si, depuis cinquante ans, vous éjaculez systématiquement très rapidement, c'est plus difficile de changer ce comportement que si vous venez de commencer votre vie sexuelle active.

Si, à une période de votre vie, vous contrôliez bien votre éjaculation, vous retrouverez plus facilement un contrôle, car votre corps en garde la mémoire…

Les résultats dépendent encore du caractère de l'homme, de sa génétique aussi probablement, de son histoire familiale, de l'ambiance de ses premières expériences sexuelles, de son éducation sexuelle… et de mille autres facteurs.

Comment les améliorations se manifestent-elles ?

Dans certains cas, la durée du rapport de pénétration s'allonge progressivement. Par exemple, un homme qui disait toujours éjaculer au bout de trente secondes signale que maintenant il « tient » une à deux minutes. Puis, petit à petit, c'est trois ou quatre minutes, puis, de plus en plus longtemps.

Dans d'autres cas, lorsqu'une amélioration survient, on observe une anéjaculation : un homme, éjaculateur prématuré jusqu'alors, se plaint de ne plus réussir à éjaculer du tout, même parfois après une demi-heure de pénétration, avec des mouvements intensifs.

Cela ne va pas toujours jusqu'à l'anéjaculation. Il s'agit parfois seulement d'une difficulté plus ou moins grande à éjaculer. C'est assez fréquent.

En effet, lorsqu'un homme ne parvient pas à contrôler son éjaculation, il n'arrive pas à la retarder. Mais il ne parvient pas non plus à la déclencher : il ne sait pas ce qu'il faut faire pour déclencher volontairement cette éjaculation. Cela tient à une raison très simple : d'habitude, chez cet homme, l'éjaculation survient trop tôt, toute seule, sans être recherchée. C'est pourquoi, l'homme ressent l'éjaculation comme quelque chose qui vient spontanément, mais évidemment toujours trop tôt. Alors, lorsque cette éjaculation ne vient pas d'elle-même, notre homme est bien ennuyé, car il ne sait pas ce qu'il faut faire dans ce cas : il ne sait pas provoquer volontairement l'éjaculation.

Je me souviens d'un patient qui venait en consultation avec son épouse. La première fois que je les ai vus, cette femme pleurait, tant elle était désespérée. Elle ne pouvait plus supporter ces rapports si brefs. Et puis, plus tard, lorsque les premiers changements sont apparus, son mari n'a pas pu éjaculer du tout au bout d'une demi-heure d'effort. Et elle m'a dit, en pleurant encore : « J'ai été obligée de lui dire d'arrêter, je n'en pouvais plus ! » Puis, la fois suivante, c'était encore une demi-heure de pénétration sans pouvoir éjaculer. Dans ce couple, c'était tout ou rien ! Soit une éjaculation très rapide, soit une demi-heure sans éjaculation. Ce fonctionnement en tout ou rien a duré un moment, puis cela s'est régularisé progressivement.

Si, dans votre cas, vous constatez cette difficulté à éjaculer au début, réjouissez-vous, cela signifie que votre corps est en train de changer de mode de fonctionnement, et ce n'est pas toujours parfait du jour au lendemain. Rassurez-vous, il est en général beaucoup plus facile d'apprendre à déclencher une éjaculation qu'à la retarder !

Parfois, le changement est encore d'une autre nature. Il est progressif, et les rapports sexuels avec contrôle éjaculatoire surviennent une fois de temps en temps. Au début, un rapport sur cent seulement est de durée satisfaisante, puis, un sur dix, et, petit à petit, c'est un rapport sur deux, voire même les deux tiers des rapports qui sont satisfaisants pour le couple. Cela ne va jamais jusqu'à cent pour cent parce que la perfection n'est pas de ce monde ! De plus, vous savez que tout homme a parfois des éjaculations plus rapides par moments, à cause d'un espacement des rapports, ou bien d'une séparation un peu longue avec sa partenaire... Mais, quand c'est seulement un rapport sur dix, ou même un rapport sur trois qui est manifestement trop bref, cela ne pose plus de problèmes en général. Beaucoup de femmes disent même, à la surprise de leur partenaire, qu'elles aiment bien faire l'amour rapidement, MAIS de temps en temps seulement, parce que cela amène un peu de changement.

Quelquefois, le traitement est bien efficace, mais le contrôle n'est pas réellement ressenti : c'est ce qui peut se produire avec le traitement médicamenteux.

Joseph revient me voir en consultation. Je lui avais prescrit un traitement médicamenteux et des exercices. Il était ravi du résultat, et je l'avais déjà revu une fois, en lui conseillant de diminuer le traitement médicamenteux, tout en poursuivant ses exercices avec assiduité. Il revient donc. Il m'explique alors ce qu'il ressent : « Avec le premier traitement que vous m'aviez donné, chaque rapport durait longtemps, et cela me semblait parfait. Maintenant que les médicaments sont moins dosés, le résultat est un peu moins bon, j'éjacule un peu plus rapidement, mais c'est encore correct. Pourtant, je préfère cette situation, car je sens que je participe au contrôle de l'éjaculation, je sens que j'ai tout de même un effort à faire, et je peux le faire ; je trouve que c'est très bien.

Avant, sans aucun traitement, malgré tous les efforts que j'ai pu fournir pendant des années, je n'ai jamais rien pu contrôler. Avec votre précédent traitement, cela marchait tout seul, et je ne devais rien faire. Ce n'était pas terrible non plus car je sentais que je dépendais complètement du traitement.

Je préfère donc un contrôle un peu imparfait, grâce auquel je peux progresser par moi-même. »

Parfois, et c'est étonnant, une sorte de contrôle inconscient se met en place.

Léon a une quarantaine d'années, il a des cheveux bouclés, roux, avec plein de taches de rousseur. Il dirige une grosse entreprise, et il est célibataire. Il vient de rencontrer la femme de sa vie. Elle est partie en stage à l'étranger pour six mois, et il veut absolument qu'à son retour ce problème d'éjaculation prématurée ne soit plus qu'un mauvais souvenir. C'est tout de même un peu plus difficile, lorsque vous êtes seul, de constater s'il y a ou non des progrès objectifs. Pour Léon, cela s'est manifesté très simplement. Je lui ai fait quelques séances d'hypnose, il revient, après trois séances, et me dit : « Ça y est, il y a du changement. » En effet, il avait eu la nuit une érection avec une sensation imminente d'éjaculation. « Et, me dit-il, j'ai très bien senti qu'en dormant, j'ai bloqué mon éjaculation. Je me suis réveillé, tout content, et j'ai compris que j'étais sur la bonne voie. Alors que d'habitude, quand ça survient, j'ai une éjaculation nocturne. »

La guérison n'est pas forcément totale et définitive

Fabrice vient juste de terminer ses études dans une école de commerce. Il a déjà trouvé du travail. Après l'avoir suivi pour une éjaculation prématurée pendant quelques mois, je le revois deux ans après. Il me dit : « Je viens chercher une ordonnance pour des médicaments. » Je suis vraiment déçue, et je réponds : « Alors, ça veut dire que ça ne va pas bien. Vous avez toujours besoin de médicaments ? »

« Si, au contraire, tout se passe très bien maintenant. Mais lorsque, pour des raisons professionnelles, je suis obligé de partir en déplacement, c'est pour trois semaines. Et quand je reviens, j'éjacule à nouveau très rapidement. Pour réussir à inverser le processus, il faut que je prenne une semaine de traitement, et que, pendant cette semaine, je fasse de nouveau les exercices de musculation du périnée. Sinon, je ne m'en sors pas, et plusieurs semaines après, j'éjacule toujours en quelques secondes.

Et j'ai essayé de faire seulement l'un ou l'autre. Si je prends le traitement sans faire mes exercices, ou si je fais les exercices sans prendre le traitement, ça ne marche pas.

C'est pour cela que je reviens vous voir. Si vous me prescrivez un mois de traitement, les médicaments dureront plus d'un an. Car je ne fais que deux ou trois déplacements professionnels par an.

Et je ne prends les médicaments que pendant une semaine. »

CONCLUSION

Il y a une dizaine de jours, je reçois François en consultation. « J'ai un problème d'éjaculation », me dit-il. Je m'attends a priori à une éjaculation précoce, car c'est le motif de consultation le plus fréquent chez l'homme en sexologie.

« Je contrôle trop bien mon éjaculation. Quand je fais l'amour, il faut que je me dise : maintenant, j'éjacule. Sinon, ça ne vient pas tout seul. Vous comprenez, je crois que les hommes qui éjaculent spontanément doivent ressentir beaucoup plus de plaisir !

— Avez-vous des difficultés à déclencher cette éjaculation ?

— Pas du tout, il faut simplement que j'y pense.

— Et le rapport dure le temps que vous voulez ?

— Oui, mais ça m'ennuie de devoir penser à éjaculer. C'est moins spontané. Trop contrôlé. »

Je suis sidérée. C'est la première fois, depuis que je suis médecin sexologue, que j'entends cette plainte !

Je le dis franchement à François. J'ajoute même ceci : « Si vous pouviez expliquer comment vous faites, vous feriez bien des heureux, car énormément d'hommes ont le problème inverse. Ils éjaculent sans l'avoir voulu, sans aucun contrôle, et ils pensent tous qu'ils auraient nettement plus de plaisir s'ils étaient comme vous ! »

Mais François ne sait pas m'expliquer comment il s'y prend pour réussir cette rare performance.

Alors, est-on vraiment plus heureux en contrôlant parfaitement son éjaculation ? Ce n'est pas sûr du tout.

Ce qui rend heureux, c'est d'aimer et d'être aimé. Bien sûr, une harmonie sexuelle contribue au bien-être, à l'entente d'un couple. Mais elle ne donne pas systématiquement le bonheur.

Alors, pensez à cultiver tout ce qui vous rend heureux à deux. Pas seulement l'éjaculation. Vous risqueriez d'être déçu, de ne pas combler cette soif de bonheur qui est en vous.

Si vous souhaitez vous documenter encore…

— Araoz D.L. *Hypnose et sexologie. Une thérapie des troubles sexuels.* Albin Michel. 1994.

— Keesling B. *Comment faire l'amour toute la nuit. L'orgasme multiple au masculin.* Albin Michel. 1996.

— Masters W.H. ; Johnson V.C. *Les mésententes sexuelles et leur traitement.* Robert Laffont. 1971.

— Poudat F.X. et Jarousse N. *Traitement comportemental des difficultés sexuelles.* Maloine. 1985.

TABLE DES MATIÈRES

2833

Imprimé en Allemagne par Elsnerdruck

pour le compte des
Nouvelles Éditions Marabout
D.L. n° 15544 - octobre 2001
ISBN : 2 - 501 - 03487 - 2